$I \begin{matrix} 3 \\ m \end{matrix} goo$

MÉMOIRE

CONCERNANT LA NOBLESSE

DE LA MAISON

DE VIGUIER, DE SEGADENES,

Établie à Villefranche de Lauraguais ;

Defcendante d'Antoine DE VIGUIER, Ecuyer *du Roi Henri III, & arriere-petit-fils de* Gaillard DE VIGUIER, Chevalier *en 1366.*

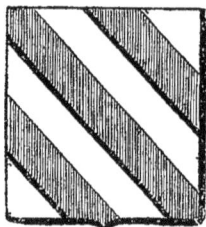

'A PARIS,

De l'Imprimerie de CHARDON, rue Galande.

M. DCC. LXXVIII.

MÉMOIRE

POUR Noble Pierre-Louis de Viguier de Segadenes, Baron de Cessales, Seigneur de Juzes en Languedoc;

CONTRE le Fermier du Franc-Fief.

LA noblesse, dont l'institution primitive est d'être le prix d'une vertu éminente, la récompense du mérite personnel, est devenue chez les nations de l'Europe un bien héréditaire, une prérogative que dispense le hasard de la naissance; & qui, transmise à la race du noble ou de l'annobli, se conserve en évitant par elle de tomber dans la forfaiture ou dans la dérogeance. Cette prérogative est le patrimoine le plus cher à un François, dont le premier mobile est l'honneur, & sur-tout à un pere de famille qui doit laisser des héritiers de son nom.

Il a fallu un moteur aussi puissant, pour déterminer le sieur de Segadenes à prendre sur sa tranquillité & sur sa fortune le tems & les moyens nécessaires, pour défendre son état des attaques de l'Adjudicataire général des Fermes; qui lui fait payer bien chérement un avantage, plus précieux encore dans l'opinion publique, que dans ses effets.

A ij

Les premiers efforts de l'Adjudicataire ont été fans fuc-
cès. M. l'Intendant de Languedoc a jugé par une Ordonnance contradictoire, que le fieur de Segadenes, né d'une
famille d'ancienne noblesse, n'étoit pas fujet au droit de
franc-fief pour les Terres qu'il a du chef de fa femme.

Cet Adverfaire, à qui il ne coûte rien de plaider au Confeil, y a interjetté appel de cette Ordonnance; il l'a atta-
quée fur des moyens auffi frivoles que fon appel eft incon-
fidéré; il a oppofé à la défenfe du fieur de Segadenes un
filence de quatre ans & demi; forcé enfin de le rompre,
il s'eft livré à la difcuffion des titres du fieur de Segadenes, plutôt dans le deffein de les obfcurcir que de les
combattre férieufement.

Après avoir rempli la pénible tâche de fuivre l'Adjudicataire dans tous fes détours, le fieur de Segadenes va
préfenter le tableau fimple & précis d'une affaire, qui mérite
toute l'attention du Confeil. Il s'agit, en fuivant l'efprit
de la Loi, de décider, fi un droit cafuel de la plus mince
valeur pour le fifc, doit prévaloir contre l'exiftence d'une
famille ancienne & diftinguée, qui a fourni au Souverain
des fujets recommandables, & qui n'attend que le Jugement de cette affaire pour confacrer au fervice de l'Etat
fes deux derniers rejettons.

F A I T.

La maifon de *Viguier* jouit depuis plufieurs fiecles d'une
nobleffe généralement reconnue, & dont l'origine fe perd
dans la nuit des tems. Les Hiftoriens du Languedoc en
parlent avec éloge, comme d'une très-ancienne famille, diftinguée par fes faits d'armes; & ils la défignent comme la
fouche de deux branches qui s'établirent dans le Lauraguais, l'une près de *Villenouvelle*, fous le nom des fieurs
DE VIGUIER, l'autre près de *Villefranche*, fous le nom DE
VIGUIER DE SEGADENES.

GAILLARD *de Viguier*, fuivant *Froiffard*, vivoit en 1366;
cet Auteur lui donne les qualités de *Meffire* & de *Cheva-*

lier, qui ne pouvoient appartenir qu'à des gens d'une nobleffe avérée. Il dit « qu'il fervit avec commandement dans
» les guerres des Anglois, qu'il conduifoit de grandes troupes
» de Gendarmes fans fouler le peuple; qu'il fe trouva à la
» bataille de Navarette, où il combattoit fous la banniere de
» Meffire Jean Chandos, & *fut fort brave Chevalier;* qu'il fut
» accufé de trahifon pour le château de Fronfac, mais qu'il en
» fut excufé par le Pape Grégoire XI, au fervice duquel
» il étoit, & par le Seigneur de Coucy, & fut trouvé in-
» nocent ».

Minut, Sénéchal de Rouergue, à la fuite de fon Traité
DE LA BEAUTÉ & de la PAULEGRAPHIE, ou de l'éloge de
la *belle Paule* de Touloufe, fait la généalogie de la *maifon de Viguier* dont elle étoit; « il dit que le pere de cette
» belle Paule, *nommé* ANTOINE, étoit *fils du fils* de ce
» *Meffire* Gaillard de Viguier; qu'il exerça l'art militaire;
» qu'à l'âge de vingt ans il fut reçu en une Compagnie de
» Cavalerie; qu'il fe trouva en une grande bataille du tems
» que Narbonne fut prife; qu'il s'y comporta fi vaillam-
» ment, qu'il paffa & repaffa par la bataille, & y rompit
» deux lances.

» Qu'à la paix il fe retira en Arragon, là où il fe ma-
» ria & véquit long-tems. Il rend compte de fes trois ma-
» riages, dit qu'il vint à Touloufe pour y recueillir la fuc-
» ceffion d'un frere de fa premiere femme; qu'il époufa en
» fecondes noces une perfonne de la maifon noble & ancienne
» d'Algaret, avec laquelle il vécut nombre d'années.

» Que cette feconde femme étant décédée, ledit Viguier
» étant homme puiffant & de grand cœur, encore qu'il eût
» atteint l'âge de *65 ans*, fe remaria avec *Jacquette de Lan-*
» *cefoc*, qu'il dit être iffue d'une maifon noble & ancienne
» d'Angleterre.

» Que de ce troifiéme mariage il eut trois enfans mâles,
» l'ainé defquels, *nommé Antoine*, prêt à être reçu Con-
» feiller au Parlement de Touloufe, quitta la robe pour porter
» l'épée, & fuivre M. d'Alençon, (Duc d'Anjou, depuis
» Henri III) frere du Roi Charles IX; que fon fervice

» fut agréable à ce Prince, qui lui donna des lettres de
» recommandation pour le Grand-Maître de Malthe, au
» fecours duquel il alla avec le Duc de Briffac ; qu'il re-
» vint en France lors des fecondes guerres civiles, étant
» Colonel de certaines Compagnies Italiennes, & qu'ayant
» préfenté lefdites Compagnies au Seigneur d'Alençon, fon
» maître, il fut fait fon Grand *Ecuyer*.

   » Enfin, qu'outre trois enfans mâles, ledit Viguier
» (pere d'Antoine) eut de fon troifiéme mariage quatre
» filles, la derniere defquelles fut *la belle Paule de Viguier*.

   La *Faille*, en fes Annales de Touloufe, article de *la
belle Paule*, dit « qu'elle étoit d'une maifon d'ancienne
» nobleffe, qu'elle fut choifie pour complimenter & pré-
» fenter les clefs de la Ville à François I lors de fon en-
» trée à Touloufe, en 1533 ; qu'elle fut mariée avec Phi-
» lippe de la Roche, Baron *de Fontenille*, Chevalier de l'Ordre
» du Roi, & Capitaine de 50 hommes d'armes; qu'elle étoit
» fille de *Jacquette de Lancefoc* ; que fon frere, Antoine
» de Viguier, étoit Ecuyer d'Henry III ; enfin que cette
» maifon fubfifte encore dans le Lauraguais en M^{rs} *de Vi-
» guier de Segadenes* ».

   Raynal, dans fes Hommes Illuftres de Touloufe, & le Préfident *d'Orbeffan*, dans fes Mêlanges de Littérature, article *de
la belle Paule*, rendent les mêmes témoignages, & difent
unanimement « qu'Antoine de Viguier, frere de la belle Paule,
» Ecuyer du Duc d'Alençon, fut la tige des *Seigneurs de Sega-
» denes* établis dans le Lauraguais ».

   Ces différens témoignages hiftoriques apportent la derniere
certitude fur la nobleffe de race de la maifon du fieur de *Segadenes*, & répandent le plus grand jour fur fa filiation &
fur les actes qu'il rapporte pour l'établir ; ils fuppléent à
ceux qu'un long efpace de tems & le pillage de la maifon
de fon trifayeul par des gens de guerre, en 1640, lui ont
ravis. Si fa branche a effuyé quelques contradictions, quelques attaques, c'eft à cette caufe feule qu'il faut les rappor-
ter ; fes auteurs ayant toujours vécu noblement, ayant
poffédé des fiefs, & ayant contracté les alliances les plus

honorables avec les meilleures maifons du Languedoc: c'eft ce que l'on va voir en fuivant les différens degrés de fa filiation.

ANTO'NE DE VIGUIER I, *petit-fils* de Gaillard de Viguier, PREMIER DEGRÉ. étant venu s'établir à Touloufe, y fut deux fois Capitoul, en 1464 & 1477. Les Annales de cette Ville prouvent que l'on choififfoit alors dans la premiere nobleffe pour remplir ces places, qui n'étoient pas comme aujourd'hui recherchées & acceptées uniquement par ceux qui veulent s'ennoblir (*a*).

On ne connoît des fept enfans que Minut donne au petit-fils de Gaillard de Viguier, provenans de fon troifiéme mariage, que

Antoine de Viguier, chef de la branche des Viguier de Segadenes établie près *Villefranche*;

Pierre de Viguier, *Châtelain de S. Rome*, chef de la branche établie près *Villenouvelle*;

Et *Paule de Viguier*, connue dans l'Hiftoire fous le nom de *la belle Paule*, mariée à Philippe de la Roche, Baron *de Fontenilles*, Chevalier de l'Ordre du Roi, Capitaine de 50 hommes d'armes. Elle mourut fans poftérité.

ANTOINE de Viguier II, fut Valet-de-Chambre SECOND DEGRÉ. ordinaire du Duc d'Orléans, homme d'armes de la Compagnie de Grandmont, & enfuite *Ecuyer du Roi*, parce que le Duc d'Anjou & d'Alençon, au fervice duquel il s'attacha en dernier lieu (*b*), étant monté fur le trône, fous le nom d'Henri III, lui conferva la Charge de fon Ecuyer.

Il fe maria en 1579 avec demoifelle Marie *de JAS*, fille de noble Arnaud de Jas, *Seigneur de Segadenes*; cette Terre paffa dans la famille des Viguier, defcendans d'Antoine II,

---

(*a*) On peut voir à ce fujet le *Traité de la Nobleffe des Capitouls de Touloufe*, par la Faille, à la fuite duquel il donne une lifte des familles nobles qui ont illuftré le Cap.toulat.

(*b*) En 1564, au paffage de ce Prince (qui fe nommoit alors *Alexandre*) à Touloufe, où Charles IX vifitant le Royaume avec toute fa Cour, fit une entrée folemnelle, ainfi que dans d'autres grandes Villes. *Mezerai*, années 1564 & 1565.

& elle a fervi jufqu'à préfent de nom diftinctif à leur branche.

Il eut trois enfans de ce mariage, deux garçons & une fille ; nommés,

Pierre-Paul de Viguier;

Jean-Antoine de Viguier, mort fans enfans ;

Et *Henrie de Viguier,* mariée à Thomas de BARCLAY, Profeffeur en l'Univerfité de Touloufe, de la famille des Barclay d'Ecoffe.

Cette defcendance, cette parenté & ces qualifications dans les deux premiers degrés, font conftatées par un certificat des Capitouls de Touloufe, par le contrat de mariage de *noble Pierre de Viguier, fils de noble Antoine de Viguier,* ancien Capitoul de Touloufe, avec *Franquette Ducros,* énoncé fous la date du 21 Novembre 1554, dans un Jugement de maintenue en la nobleffe, rendu le 4 Janvier 1671 en faveur de Guillaume de Viguier ; & par d'autres actes, des 19 Mars 1565, 13 Août 1569, 25 Novembre 1576, 26 Avril 1579, 14 Décembre 1596, & 4 Juin 1597.

Enfin, par le teftament de *Paule de Viguier,* veuve du Baron de Fontenilles, du 26 Septembre 1607, dans lequel elle parle de tous fes neveux & niéces, & les diftingue par les noms de leurs peres & meres; elle veut être enterrée aux *Auguftins de Touloufe,* dans le tombeau de *Jacquette de Lancefoc,* fa mere, défignée par Minut & par la Faille; elle fait fon héritier univerfel *noble Pierre-Paul de Viguier,* fait des legs particuliers à *Jean-Antoine de Viguier* & *Henrie de Viguier,* alors femme de Thomas de Barclay, frere & fœur dudit Pierre-Paul, tous trois enfans de feu *Antoine de Viguier,* Ecuyer, frere de la teftatrice & de *Marie de Jas;* elle fubftitue à fon héritier *Antoine de Viguier,* auffi fon neveu, fils de *Pierre de Viguier,* autre frere de la teftatrice & de *Franquette Ducros.*

Cet acte, parfaitement d'accord avec les témoignages hiftoriques, a été invoqué par Guillaume de Viguier, fils d'*Antoine de Viguier Ducros,* & petit-fils de *Pierre, Châtelain de S. Rome,* chef de la branche établie à Villenou-velle,

velle, pour obtenir le Jugement de maintenue en la noblesse rendu en sa faveur, le 4 Janvier 1671 : il sert de base à la généalogie des deux branches ; c'est pour elle un point de ralliement dont on ne peut les écarter, sans se refuser à l'évidence & à la lettre des actes antérieurs & subséquens.

PIERRE-PAUL de Viguier, Seigneur de Segadenes, recueillit la succession de *Paule de Viguier,* veuve du Baron de Fontenilles, sa tante.

TROISIEME DEGRÉ.

Il se maria en 1615 à demoiselle Jeanne *DE COFFINIERES* ou de *COUFFIN,* fille de *noble* Jean de Coffinieres, Seigneur de Valés ; famille dès-lors distinguée, & dont un descendant, *le Chevalier de Valés,* est actuellement Officier Général.

Il s'établit à Villefranche de Lauraguais, & eut de son mariage trois enfans, deux garçons & une fille, nommés ;

Jean-Antoine de Viguier, député comme *noble* pour le Diocèse de Toulouse aux Etats de Languedoc, tenus en 1667, lequel mourut sans postérité ;

Hugues de Viguier ;

Et *Jeanne de Viguier,* mariée à *noble Gabriel FITERIA-SAINT-LARY, Ecuyer.*

La maison de *Pierre-Paul* de Viguier fut enfoncée & pillée pendant son absence par des gens de guerre ; dans ce désordre, la plus grande partie des papiers de famille périt. Cet événement est constaté par un acte de requisition fait le 23 Janvier 1640, de la part de Jeanne de Couffin, femme de *noble Pierre-Paul de Viguier, sieur de Segadenes,* aux Consuls de Villefranche, à l'effet de dresser Procès-verbal de l'état de la maison, afin par son mari de se pourvoir devant qui il appartiendroit. Cet acte est d'autant moins suspect, qu'il est antérieur de plus de 16 ans aux recherches contre les faux nobles, qui n'ont commencé en Languedoc qu'en 1656, & de plus de 28 ans à celles qu'éprouverent les fils de Pierre-Paul de Viguier en 1668.

On a recouvré des titres perdus, ceux relatifs aux premier & deuxième degrés, & d'autres en date des 11 Mars

B

1610, 21 Octobre 1620, 9 Janvier 1631, & 29 Décembre 1633; qui, avec les précédens, prouvent la filiation de Pierre-Paul, son mariage & la qualification *de noble* par lui constamment prise.

QUATRIEME DEGRÉ.

HUGUES de Viguier de Segadenes épousa en 1659 *Cécile de PINEL*; les sieurs de Fontaine, de Lort & Gailhard, qualifiés *nobles & Ecuyers*, assisterent à ce contrat, comme proches parens du futur.

La demoiselle *de Pinel*, femme de Hugues de Viguier, étoit aussi noble; car quoique par le contrat elle ne soit dite que fille du feu sieur François Pinel; par une quittance dotale étant à la suite de ce contrat, *Guillaume de Pinel*, son frere, se qualifie *Ecuyer*.

Ils eurent deux fils, nommés

Jean-Antoine;

Et *Guillaume*, mort sans enfans.

Hugues de Viguier jouissoit si publiquement de l'état & qualité *de noble*, que dans le compoix du Consulat d'Avignonet, dans lequel il avoit des possessions, ses biens sont désignés sous le nom *de noble Hugues de Viguier, sieur de Segadenes*: monument de l'opinion publique & des sentimens de la contrée, & même de la Province*, sur la noblesse de son extraction.

* Nota En Languedoc, où les tailles sont réelles, les compoix ou cadastres se font comme en Provence, par des Commissaires, qui visitent la Province & font leur rapport en l'Assemblée des Etats.

Cependant il fut poursuivi, ainsi que *Jean-Antoine*, son frere, comme usurpateurs de noblesse, lors de la recherche faite en exécution des Déclarations des 30 Décembre 1656, & 22 Juin 1664. Dépourvu des titres perdus lors du pillage de la maison de son pere, en 1640, & craignant d'être condamné en une amende plus considérable, faute de justifier de sa qualité, ce qui lui étoit impossible pour le moment; *Hugues* de Viguier déclara par un acte du 28 Mai 1668, qu'il étoit prêt de payer dans le mois la somme de 113 liv. 15 s. à laquelle il avoit été imposé, *mais avec protestation de se pourvoir contre la déclaration que l'on pourroit exiger de lui, lorsqu'il auroit trouvé des titres suffisans pour justifier de sa noblesse.*

Les deux freres firent des recherches à ce sujet, & il

paroît par un Procès-verbal du fieur d'Héricourt, Commiffaire Subdélégué à la recherche des ufurpateurs de nobleffe, dreffé le 23 Mars 1669, que *Meffire Hugues de Viguier, fieur de Segadenes,* agiffant pour *noble Jean-Antoine* de Viguier, fieur de Segadenes, fon frere, fit collationner fur la minute, en préfence du fondé de procuration d'Alexandre Belleguife, prépofé à la recherche, le teftament de *Paule* de Viguier, veuve du Baron de Fontenilles, du 6 Septembre 1607; & deux actes paffés entre *Marie de Jas, comme veuve & tutrice de Pierre-Paul de Viguier, de Jean-Antoine & Henrie de Viguier, enfans du feu noble Antoine de Viguier, Ecuyer du Roi,* avec *noble Pierre de Viguier, fon beau-frere, & Franquette Ducros, fa femme;* actes qui juftifioient la defcendance commune des *Viguier de Segadenes* établis à Villefranche, *& des Viguier* établis à Villenouvelle, d'Antoine Ier, Capitoul en 1464.

La nobleffe de cette feconde branche fut reconnue par un Jugement du 4 Janvier 1671, rendu en faveur de *Guillaume* de Viguier, coufin iffu de germain des deux freres, Jean-Antoine & Hugues de Viguier. Guillaume fut maintenu, *déclaré noble & iffu de noble race & lignée.* Ce Jugement fut rendu fur les preuves de la defcendance de GUILLAUME, par ANTOINE III, *ou Antoine Viguier Ducros* fon pere, & PIERRE *de Viguier, Châtelain de S. Rome,* fon ayeul, *d'AN-TOINE de Viguier Ier,* fon bifayeul, pere *de la belle Paule,* dudit *Pierre & d'Antoine II,* Ecuyer du Roi; ce dernier chef de la branche *des Viguier de Segadenes.* La defcendance de Guillaume de Viguier, d'ANTOINE I, *Capitoul en 1464,* fut conftatée, entr'autres pieces vifées dans ce Jugement, 1°. par un certificat des Capitouls de Touloufe, délivré en 1668;

2°. Par le contrat de mariage daté du 21 Novembre 1554, *de noble PIERRE de Viguier, fils de noble ANTOINE de Viguier, ancien Capitoul de Touloufe,* avec demoifelle *Franquette DUCROS;*

3°. Par le contrat de mariage de *noble ANTOINE de Viguier Ducros,* fon pere, *affifté de Franquette Ducros, veuve de noble Pierre de Viguier, Châtelain,* avec demoifelle *Marie Mazanave,* du 17 Décembre 1698; B ij

4°. Enfin , par le teftament de *Paule de Viguier*, veuve du Baron de *Fontenilles*, du 26 Septembre 1607; par lequel *elle déclare* (eft-il dit dans le vu du Jugement) *avoir nourri l'efpace de 18 ans* PIERRE-PAUL *de Viguier*, *Jean-Antoine de Viguier fes neveux*, *fils de noble* ANTOINE *de Viguier*; *avec le procès-verbal d'ouverture d'icelui*, *fait à la requête de* PIERRE-PAUL *de Viguier*.

Ce Jugement, regardé comme un titre commun aux deux branches, empêcha les pourfuites ultérieures du prépofé à la recherche, dirigées contre les fieurs de *Segadenes* freres ; ils jouirent de leur état, & furent toujours confidérés comme *nobles* par toutes les perfonnes en place dans la Province. M. d'Aguelfeau, alors Intendant de Languedoc, donna même une commiffion en 1674 au fieur de *Segadenes*, pour paffer en revûe les troupes du diocèfe de Touloufe.

La poffeffion de *Hugues* de Viguier & celle de fon frere, font juftifiées par des actes des 16 Avril 1657, 14 & 25 Février 1659, 4 Janvier 1660, 30 Mars 1662, 22 Mars, 8 Novembre 1667, 4 Juin 1674, & 12 Août 1699.

La poftérité de Hugues n'a pas joui moins conftamment, & fa nobleffe a paru fi peu douteufe, que les meilleures familles n'ont pas héfité de contracter des alliances avec elle.

CINQUIEME
DEGRÉ.

JEAN-ANTOINE *de Viguier de Segadenes*, fils de Hugues, époufa en 1687 Louife *de* BARCLAY, fille *de noble* Thomas de Barclay, fa parente au troifieme degré; ils furent obligés d'obtenir des Bulles de Cour de Rome, portant difpenfe pour fe marier.

De ce mariage naquit *Pierre-Jofeph de Viguier*.

La nobleffe de Jean-Antoine étoit fi conftante & fi publique, qu'il fut convoqué à l'arriere-ban auquel il fervit volontaire-ment ; il paya en outre la taxe établie à ce fujet, comme *noble*.

Les actes des 16 & 24 Juin 1687, 23 Mai 1689, 27 Juin 1696, & 9 Février 1698, conftatent qu'il prit la qualité de *noble* à l'exemple de fes ancêtres.

L'Adjudicataire prétend que ce même *Jean-Antoine* de Viguier fut condamné en une amende de 2000 liv. comme ufur-pateur de nobleffe, par Ordonnance de M. de Lamoignon

Intendant de Languedoc, du 19 Avril 1700. Mais outre que l'Adjudicataire ne rapporte pas la signification qui devroit avoir été faite de cette Ordonnance à Jean-Antoine, lequel se seroit pourvu pour la faire réformer; cet Adversaire ne prouve point son exécution par aucun extrait de Regiftre, qui juftifie que Jean Antoine ait payé l'amende de 2000 liv. à laquelle il étoit condamné. Il ne rapporte même pas une expédition en forme probante de cette Ordonnance, mais une fimple copie qui mérite d'autant moins de foi, que le fieur de Segadenes a fait rechercher cette prétendue Ordonnance aux Archives du Louvre où elle devroit être dépofée, & elle ne s'y eft point trouvée, ainfi que le conftate une Lettre du Garde des Archives, du 20 Février 1778.

Cette Ordonnance, quand elle exifteroit, ne pourroit être que le fruit de l'erreur de la part du Magiftrat qui l'auroit rendue; elle ne pourroit avoir d'autre caufe que le défaut de repréfentation, en forme probante, des actes de 1569, 1596 & 1597; qui depuis, en 1701, ont été collationnés contradictoirement avec le Procureur de Beauval, prépofé à la derniere recherche, & dont les originaux furent vûs alors par M. de Lamoignon. Il paroît que le prépofé à la recherche renonça à fes prétentions fur la repréfentation de ces actes, qui établiffent la parenté de Jean-Antoine avec Guillaume de Viguier, maintenu par le Jugement du 4 Janvier 1671, comme defcendant de la fouche commune aux deux branches.

Ce qu'il y a de certain, c'eft que Jean-Antoine n'en fut pas moins regardé comme noble; il fut affigné en cette qualité, & comme parent, par la petite-fille de Guillaume de Viguier, *Angélique de Viguier*, le 24 Août 1702, pour procéder à la nomination d'un tuteur à D^{lle} *Jeanne-Marie de MASNAU*, fille mineure d'elle & de feu *noble Ignace de Mafnau*, Seigneur de Boufignac. Cette Demoifelle a époufé depuis le fieur de Lordat, Baron des Etats.

PIERRE-JOSEPH de Viguier de Segadenes, fils de Jean-Antoine, continua de prendre la qualité *de noble*; c'eft ce qui fe voit par les actes des 28 Novembre 1722, 8 Février 1726 & 21 Décembre 1735.

SIXIEME DEGRÉ.

Il époufa en 1722 demoifelle Françoife de *MONTSERRAT*, *Cofeigneureffe de Ceffales*, fille de noble Pierre de Montferrat. Il eut de ce mariage *Pierre-Louis* de Viguier.

Attaqué par le Fermier pour le franc-fief, que celui-ci prétendoit à raifon de la Terre de Ceffalles, il obtint le 21 Janvier 1737, de M. lIntendant de Languedoc, une Ordonnance, qui fur le vû du Jugement de 1671, & les preuves dé fa nobleffe, le déchargea de cette demande.

Le Fermier n'ofa pas interjetter appel de cette Ordonnance; cependant 21 ans après, en 1758, il fit décerner une contrainte contre *Pierre-Jofeph de Viguier*, pour droit de franc-fief de la Terre de Ceffales; & celui-ci, pour éviter de plus vives pourfuites, fe vit obligé de payer par *forme de confignation*.

Le 28 Juin 1770, le même *Pierre-Jofeph* s'étant pourvu en la Cour des Aides de Montpellier, y obtint fur les conclufions du Procureur Général du Roi, un Arrêt qui *le déclara noble & iffu de noble race & lignée*, ordonna que le Jugement rendu en faveur de Guillaume de Viguier de Villenouvelle, demeureroit commun avec lui, *comme defcendans l'un & l'autre de la même tige.*

SEPTIEME DEGRÉ. *PIERRE-LOUIS de Viguier de Segadenes* fon fils, s'eft marié en premieres nôces le 21 Janvier 1751, avec demoifelle Jeanne *DE ROLLAND* de S. Rome.

Il s'eft remarié en 1758 avec *demoifelle Anne de SEVERAC*, fille d'Alexandre de Severac, décédé Officier Général; dont la maifon a fourni un Maréchal de France, *Amaury de Severac*, fous Charles VII, en 1427.

Cette Dame lui a apporté la Terre de Juzes, & c'eft à raifon de cette Terre que l'Adjudicataire des Fermes a fait décerner contre lui, le 15 Juillet 1767, une contrainte pour droit de franc-fief. Le fieur de Segadenes a été déchargé de ce droit par Ordonnance contradictoire de M. de Saint-Prieft, Intendant de Languedoc, du 27 Juin 1772, dont l'Adjudicataire eft appellant.

Examinons & réfutons fes moyens d'appel.

MOYENS.

Avant de combattre ces moyens, examinons les principes généraux & les Réglemens qui peuvent s'appliquer à l'espece.

En France, la noblesse est une dignité dont le Souverain décore celui, qui par la profession des armes, & par l'exercice de certaines charges ou emplois, ou par son talent & ses services, a mérité d'être élevé à ce rang distingué dans l'Etat, & à jouir des privileges & prérogatives qui y sont inhérens. Ainsi la noblesse ne doit son être & sa consistance qu'au Monarque *.

Cependant outre la noblesse de conception, il en est une autre, d'autant plus estimée que son origine est inconnue ; c'est la noblesse de race, transmise par la naissance, soutenue de génération en génération par des faits d'armes, par la possession de fiefs, par des alliances nobles, & par une existence honorable, sans aucun acte de dérogeance.

Cette espece de noblesse fondée sur la possession, a été adoptée par les Réglemens rendus pour la recherche des usurpateurs, & particuliérement par une Déclaration du 16 Janvier 1714, qui borne à 100 années les preuves de noblesse, à compter du jour de l'enregistrement de cette Déclaration dans les Cours des Aides.

La vraie noblesse (suivant Loiseau) étant celle dont le commencement excéde la mémoire des hommes, & qui ne peut être prouvée que par la possession ; il est juste que quand on la révoque en doute, ce soit assez d'en prouver la possession continuelle du pere & de l'ayeul, qui sert de présomption suffisante & concluante ; *supposé* (ajoute cet Auteur) *que d'ailleurs le contraire n'apparoisse ;* car la possession contraire n'est pas admise à titre de prescription, la noblesse étant un droit de souveraineté imprescriptible, mais à titre de présomption fondée sur la possession immémoriale *.

La preuve de la noblesse d'extraction se faisoit autre-

* Dubost, Jurisp. du C. T. 3, ch. 14.

* La Roque, Trait. de la Nobl. ch. 63.

* Bacquet, tre des francs-efs. fois * par enquête ; depuis les recherches des usurpateurs de noblesse, faites sous le regne de Louis XIV, elle ne peut se faire que par titres, par contrats de mariage, partages, inventaires, transactions entre personnes de même famille, testamens, actes baptistaires & mortuaires, dans lesquels les ancêtres du particulier qui doit faire cette preuve, ont pris les qualités de *noble*, *d'Ecuyer*, de *Chevalier* ; ces titres doivent être produits en grosses originales ou minutes, aux termes des Déclarations des 8 Février 1661, & 22 Juillet 1664, & de l'Arrêt du Conseil d'Etat du 26 Février 1697.

Suivant la Déclaration du 7 Octobre 1717, ceux qui ont été déclarés usurpateurs par des Jugemens ou Ordonnances rendus avant la Déclaration de 1714, & qui se sont pourvus par appel, opposition ou autrement, ou ceux dont les auteurs ont renoncé, sont tenus de prouver une possession centenaire antérieure à l'assignation qui leur a été donnée, & sur laquelle les Jugemens sont intervenus, sans néanmoins que les assignés soient tenus de prouver une possession antérieure à 1560.

Par un Arrêt du Conseil d'Etat du 1 Juillet 1718, portant suppression de la Commission de la recherche des faux nobles, il fut ordonné que ceux qui avoient été assignés, soit en représentation de titres, soit sur l'appel des Jugemens de maintenue rendus en leur faveur, dont les instances étoient indécises, demeureroient quant à leur noblesse, en l'état où ils étoient avant l'assignation ; & que les appellans des Ordonnances & Jugemens rendus contre ceux qui n'avoient pas fait juger leurs appels dans les délais portés par les Arrêts du Conseil des 14 Décembre 1715, 1 Mai & 18 Décembre 1717, seroient regardés comme usurpateurs. Mais par une Déclaration du 8 Octobre 1729, les instances indécises au sujet de la recherche, ont été renvoyées aux Cours des Aides, dans le ressort desquelles les Parties intéressées ont leur domicile.

L'application de ces principes & de ces Réglemens à l'espece, ne peut qu'assurer la confirmation de l'Ordonnance du 27 Juin 1772.   En

En effet la nobleſſe du ſieur de Segadenes, eſt une nobleſſe *de race*, dont l'origine n'eſt pas connue; & qui paroît avoir été ſoutenue par le ſervice militaire dans les perſonnes de *GAILLARD de Viguier*, d'*ANTOINE I* &
d'*ANTOINE II*.

Les hiſtoires & les vieilles chroniques conſtatent la commune renommée, & lorſqu'elles ſont d'accord avec les
actes, elles forment un corps de preuves auquel on ne peut
réſiſter *. Or par les monumens hiſtoriques qui ont déja
été rapportés, on voit que *GAILLARD de Viguier* étoit
dès 1366 qualifié *de Meſſire* & *de Chevalier*; qualité qui
ne ſe donnoit alors qu'aux plus grands Seigneurs &
aux perſonnes diſtinguées par leurs ſervices militaires *.

* La Roque, ch. 64, p. 192 de l'édition de 1761.

ANTOINE I, que Minut qualifie ſeulement *noble*, l'é-
toit déja d'origine, comme petit-fils de *Gaillard*. Il ſe diſ-
tingua auſſi dans les armes; il fut deux fois Capitoul
de Toulouſe en 1464 & 1477; ce ne fut pas pour
acquérir la nobleſſe qu'il tenoit de ſa naiſſance; mais parce
qu'il étoit d'extraction noble, & qu'alors les Capitouls
étoient choiſis dans les meilleures familles *. Au ſurplus
s'il n'eut pas été noble, le Capitoulat lui auroit acquis
cette qualité, & il l'auroit tranſmiſe à toute ſa deſcendance.

* Loiſeau, Tr. des Ordres, liv. 1, ch. 6, n°. 37, ch. 9, n°. 8.

* Voir le traité de la *Nobleſſe des Capitouls*, dont on a déja parlé.

ANTOINE II, Valet-de-chambre ordinaire du Duc d'Orléans, homme d'armes de la compagnie de Grandmont,
Ecuyer de Henry III, ſervit auſſi avec diſtinction. Les
qualités priſes par Antoine II, non-ſeulement étoient honorables, elles ne pouvoient même ſuivant les Auteurs *,
appartenir qu'à des *Gentilshommes*. Henri III, par l'Ordonnance de Blois, art. 259, avoit ordonné que par
« ci-après, aucuns ne ſeroient reçus aux états de Gentils-
» hommes de la Chambre, ou ès compagnies de 100
» Gentilshommes, ni aux places de Maître-d'hôtel, Gen-
» tilshommes ſervans & *Ecuyers d'Ecurie*, qu'ils ne *fuſſent
» nobles d'armes*, & que ſi aucuns s'en trouvoient qui
» ne fuſſent de ladite qualité, il y ſeroit pourvu d'autres
» en leurs places ». Ainſi la qualité de *noble*, priſe par Antoine

* Loiſeau, ch. 5, n°. 30, & 31.

La Roque, ch. 15, p. 37, ch. 54, p. 176.

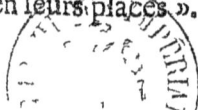

C

II, & à lui donnée dans les actes relatifs aux premier &
second degrés, n'étoit point comme le prétend l'Adjudicataire,
l'attribut de ses places & de son office *d'Ecuyer*, mais une
qualité originelle & héréditaire, inhérente à sa personne &
à sa descendance, & sans laquelle il n'auroit pu être admis à
les exercer.

La procuration de 1565, le partage ou transaction de
1569, entre nobles *Antoine* de Viguier, Ecuyer du Roi,
& *Pierre* de Viguier son frere, au sujet des biens *d'An-*
toine de Viguier *leur pere ;* la vente de la maison paternelle passée entre les deux freres en 1576; le contrat de
mariage de *Pierre* de Viguier, *fils d'Antoine I, ancien Ca-*
pitoul, avec Franquette *Ducros*, visé dans le Jugement du
4 Janvier 1671, sous la date du 21 Novembre 1554; celui
d'Antoine de Viguier, son frere, avec *Marie de Jas*, de 1579;
les deux actes passés en 1596 & 1597, par cette derniere,
comme sa veuve & comme tutrice *de Pierre - Paul*, de
Jean-Antoine & de *Henrie de Viguier*, ses enfans; enfin le
testament de *Paule de Viguier*, veuve du Baron de Fontenilles, de 1607, sont parfaitement d'accord avec le récit de
MINUT & de *LAFAILLE*, sur l'extraction noble d'Antoine
de Viguier I & II. Leur noblesse, suivant la division
faite par les Commissaires du Roi pour la recherche des
nobles en Languedoc, étoit de la seconde classe, c'est-à-
dire, *d'ancienne roche* *.

* La Roque,
h. 37, p. 115.

Cette noblesse a été reconnue dans la branche collatérale descendante de *Pierre de Viguier*, Châtelain de Saint-
Rome, frere *d'Antoine II*, par le Jugement du 4 Janvier
1671; & ce Jugement, suivant les auteurs *, a profité à
la branche descendante d'Antoine II, qui a tacitement été
déclarée noble. Il ne faut au sieur de Segadenes, issu de
cette branche, d'autre preuve que celle de la descendance
de ses ancêtres de la souche commune; dès qu'il n'y a aucune preuve de dérogeance à leur opposer, qu'ils ont toujours vécu noblement, & que leur noblesse s'est soutenue
jusques dans leurs alliances avec *les Couffin, les Pinel,*
les Barclay, les Montferrat & *les Severac*, toutes mai-

* Tiraqueau,
e *Nob lit. cap.*
lt. num 2.
La Roque,
h. 61, p. 188, ch.
4, p. 199.

fons nobles & même illuftrées. On ne peut reprocher aucune méfalliance à la branche du fieur de Segadenes ; il réunit la nobleffe paternelle & maternelle, eftimée la plus pure *.

La poffeffion de la Terre de *Segadenes* depuis 1579, celle de *Ceffalles*, le fervice *de Jean-Antoine* à l'arriere-ban, le fuffrage unanime de la contrée fur la nobleffe de *Hugues* dans le compoix d'Avignonet, celui donné en dernier lieu au fieur de Segadenes par le Sénéchal d'épée de la ville de Touloufe ; tout établit que dans les différens degrés de la filiation du fieur de Segadenes, la nobleffe originelle s'eft confervée fans tache ; elle n'a donc pu fe perdre : comme cette qualité eft impreícriptible par ufurpation, elle ne peut non plus tomber en péremption par le laps de tems, qui loin de l'affoiblir lui donne encore plus de mérite & de vertu *.

* La Roque, ch. 15.

* La Roque, ch. 25.

On doit s'étonner fans doute, qu'après les alliances fai-tes par la maifon de Viguier tant dans la branche des VIGUIER de *Villefranche*, que dans celle des *VIGUIER de Villenou-velle* qui s'eft confondue dans les maifons de *Mafnau*, de *Saint-Etienne*, de *Chalabre*, de *Lordat;* après les preuves reçues à Malte de la part du Commandeur de LORDAT, qui a adminiftré celles qui conftatent la nobleffe d'*ANGELIQUE de Viguier*, fa grand'mere ; que l'Adjudicataire ofe contefter la nobleffe de la maifon de Viguier, reconnue par le Jugement du 4 Janvier 1671 ; qu'il fe refufe à l'évidence réfultante de l'ac-cord de l'hiftoire avec les titres, & des titres avec l'hif-toire ; qu'enfin, après deux Ordonnances rendues en faveur de la branche du fieur de Segadenes, & un Arrêt qui re-connoît fon pere noble, comme defcendant *de la même tige que les Viguier de Villenouvelle*, l'Adjudicaire s'obftine en-core à attaquer l'état d'un Gentilhomme, & l'oblige en alléguant l'informité de fes titres, de chercher à grands frais les originaux. Si une attaque fur des motifs auffi fri-voles que ceux de l'Adjudicataire pouvoit être tolérée, fans une réparation proportionnée à l'offenfe & au tort confidérable qu'elle occafionne, il n'y auroit pas de mai-

C ij

fon noble dans le Royaume qui ne dût craindre de fe voir en proie à la vexat on d·s Prépofés des Fermes, & expofée à des frais ruineux pour s'en défendie.

Paffons aux moyens de cet Adverfaire.

OBJECTIONS.

Elles fe réduifent, 1°. à foutenir que le Jugement rendu en faveur de Guillaume de Viguier le 4 Janvier 1671, invoqué par le fieur de Segadenes, comme prouvant la nobleffe d'un collatéral, ne peut lui profiter; parce qu'il ne defcend pas *d'Antoine* de Viguier, *Capitoul en 1464 & 1477* : qu'il y a à cet égard invraifemblance & impof-fibilité.

2°. Il oppofe l'acte d'offres fait le 28 Mai 1668, par *Hugues* de Viguier, bifayeul du fieur de Segadenes, qu'il préfente comme un acte de renonciation à la nobleffe; & le prétendu Jugement, ou Ordonnance du 19 Avril 1700, qui a condamné *Jean-Antoine* de Viguier, comme ufurpateur de nobleffe.

D'après cela, il prétend que fi *Pierre-Jofeph de Viguier,* pere du fieur de Segadenes, eft parvenu à obtenir le 21 Janvier 1737, une Ordonnance de décharge du droit de franc-fief, & le 28 Juin 1770, un Arrêt de la Cour des Aides de Montpellier, qui l'a reconnu noble; c'eft parce que ni M. l'Intendant de Languedoc, ni la Cour des Aides n'avoient eu fous les yeux ces deux actes, deftructifs de la nobleffe. Il allegue que *Pierre-Jofeph* fentoit fi bien le vice de fa caufe, qu'il a payé le droit de franc-fief pour les biens nobles par lui poffédés.

RÉPONSES.

PREMIEREMENT. La defcendance du fieur de Segadenes, d'Antoine I, Capitoul en 1464 & 1477, eft appuyée dans les deux premiers degrés fur les actes de famille & fur les témoignages de *Minut,* de *la Faille,* de *Raynal &*

du *Préfident d'Orbeffan; ces* témoignages fuppléent aux titres qui pourroient manquer , & qui fe font perdus par le laps de tems & par l'événement du pillage de la maifon de *Pierre-Paul* de Viguier en 1640.

Ces auteurs difent unanimement qu'*Antoine I. fut pere de la belle Paule ,* mariée au Baron de Fontenilles ; qu'il étoit noble d'une ancienne nobleffe de Chevalerie : que *la belle Paule* eut pour frere *Antoine II,* Ecuyer du Duc d'Alençon , & enfuite du Roi, lorfque le Duc d'Alençon monta fur le trône fous le nom de *HENRI III.* Ces trois derniers auteurs fe réuniffent pour dire que l'ancienne maifon de Viguier *fubfifte encore dans les fieurs de Viguier , de Segadenes , de Villefranche de Lauraguais ;* & dans *les fieurs de Viguier de Villenouvelle.* Le Préfident d'Orbeffan indique même *Antoine* de Viguier, *Ecuyer de Henri III , frere de Paule de Viguier , comme le chef de la branche des Viguier de Segadenes.*

Les actes de famille ont une analogie parfaite avec ces témoignages , & cela fuffiroit pour écarter les doutes que l'Adjudicataire veut élever fur l'origine commune aux deux branches : mais pour ne lui rien laiffer à defirer, on veut bien lui démontrer qu'il n'y a ni invraifemblance ni impoffibilité , que *Paule de Viguier* qui a tefté en 1607, & qui a vécu ufqu'en 1610; *Antoine* & *Pierre* de Viguier, fes freres, fuffent enfans *d'Antoine I ,* Capitoul en 1464 & 1477.

Il faut d'abord remarquer qu'il y a deux générations, & que fans excéder le cours ordinaire de la vie humaine, ces deux générations peuvent donner un laps de tems de 170 à 180 ans.

On n'a point l'époque de la naiffance d'Antoine I, Capitoul pour la premiere fois en 1464. Il peut avoir été élu à l'âge de 25 à 30 ans , ce qui feroit remonter fa naiffance à 1439 ou 1434. Minut dit, que « *ledit Viguier étant » homme puiffant & de grand cœur, encore qu'il eût atteint » l'âge de 65 ans, fe remaria* (pour la troifiéme fois) *avec » Jacquette de Lancefoc »;* ce qui fixe l'époque de ce troifiéme

mariage à l'expiration du quinziéme fiecle, ou au commencement du feiziéme, c'eft-à-dire en 1499 ou 1500. Il n'y auroit
rien d'extraordinaire qu'il eût pouffé fa vie jufqu'en 1530
& même 1540, parce qu'un fiecle & quelques années
de plus ne font pas un terme exorbitant pour la vie de
l'homme.

Il eut, fuivant Minut, fept enfans avec Jacquette de Lancefoc, dont le premier fut *Antoine, Ecuyer du Roi*, qui
en 1565 partit pour aller au fervice des Chevaliers de
Malte avec le Duc de Briffac; & de retour de fes cam-
pagnes d'Italie en 1569, il tranfigea avec *Pierre*, fon frere;
lequel fans déroger (comme le prétend l'Adjudicataire)
avoit pris en arrentement *la portion des biens paternels
d'Antoine II*, pendant fon abfence. Voulant fe fixer à Touloufe, le même *Antoine* acquit de *Pierre*, fon frere, en
1576, la maifon paternelle: fa mort eft conftatée par un
acte paffé par *Marie de Jas, fa veuve*, en 1596.

La *belle Paule* de Viguier, fa fœur, fut, au rapport de
de Minut, la derniere fille *d'Antoine I*; elle préfenta les
chefs de la ville de Touloufe à François I, en 1533; elle
étoit alors fille & très-jeune; en lui donnant 18 à 20 ans,
l'époque de fa naiffance ne remonteroit qu'à 1515 ou 1513.
Il n'y a rien de furprenant qu'elle vécût encore en 1610,
ce qui ne forme pas un efpace de plus de 95 à 97 ans.

L'Adjudicataire prétend en trouver un de 146 ans, mais
c'eft par un faux calcul; parce qu'il porte l'exiftence de
Paule de Viguier, au premier Capitoulat d'Antoine en 1464.
Il faudroit pour appuyer fon fyftême, qu'il juftifiât que *Paule*
de Viguier fût née alors; & le contraire eft prouvé, par les
monumens hiftoriques & par la Faille, qui rapporte à l'année 1533, la préfentation des clefs de la ville de Touloufe à François I, (*a*) par la belle Paule, *vêtue en Nymphe:*
elle n'auroit pas rempli un rôle auffi intéreffant, fi elle n'eût
joint alors la jeuneffe à la beauté: une vieille fille de 69 ans,

---

(*a*) *Nota.* François premier revenoit de Marfeille, où il avoit eu une entrevue
avec le Pape Clément VII, & où s'étoient célébrées les noces d'Henri II avec
Catherine de Médicis. Voyez *Mezeray* & le Préfident *Henault*, année 1533.

n'auroit pas été choifie par la Ville, pour préfenter fes hommages à un jeune Souverain de 38 ans qui y faifoit fon entrée ; en un mot à François I.

La naiſſance d'Antoine I peut avec d'autant plus de vraiſemblance être fixée à l'an 1434 ou 1439, que cette époque quadre parfaitement avec l'exiſtence de *Gaillard de Viguier*, fon ayeul, en 1366; à compter de ce premier aſcendant, juſques & compris les enfans d'Antoine de Viguier, Capitoul, il y a quatre degrés de générations dans l'eſpace de deux ſiecles & demi.

Au ſurplus, tous les doutes s'évanouiſſent à l'aſpeſt des aſtes des 1569, 1596, 1597 & du teſtament de *Paule* de Viguier de 1607. L'Adjudicataire lui-même ne peut s'empêcher de convenir qu'il réſulte de ces aſtes, qu'*ANTOINE de Viguier, Ecuyer du Roi, PIERRE de Viguier, Châtelain de Saint-Rome*, & *PAULE de Viguier*, étoient freres & ſœur, & cela ſuffit; parce que la deſcendance de *PIERRE* de Viguier, d'*ANTOINE de Viguier, ancien Capitoul*, eſt établie par le contrat de mariage du même *PIERRE* avec *Franquette DUCROS*, viſé ſous la date du 21 Novembre 1554, dans le Jugement de maintenue en la nobleſſe, du 4 Janvier 1671; & par le certificat des Capitouls de Touloufe, viſé dans le même Jugement ſous la date du 9 Septembre 1668, lequel conſtate qu'*ANTOINE*, pere de Pierre, *étoit Capitoul en l'année 1464, finiſſant en 1465.*

Enfin, quand même *Antoine I* n'auroit pas été Capitoul de Touloufe, ſa poſtérité n'en feroit pas moins noble; parce que ce n'eſt point du Capitoulat qu'il tenoit la nobleſſe qu'il a tranſmiſe à ſes deſcendans, mais de ſa famille, qui au rapport des Hiſtoriens, étoit diſtinguée par les armes; enfin, de *Gaillard de Viguier*, que Froiſſard qualifie dès 1366 de *MESSIRE* & de *CHEVALIER.*

DEUXIEMEMENT. L'aſte d'offres fait le 28 Mai 1668, par Hugues de Viguier, ne peut être regardé comme une renonciation à la nobleſſe ; puiſqu'il a été fait *avec toutes réſerves & proteſtations de ſe pourvoir, lorſqu'il auroit trouvé des titres*

fuffifans pour juftifier fa qualité de noble. C'eft au contraire un
acte confervatoire, auffi expreffif qu'il étoit poffible d'en faire
dans la circonftance malheureufe où fe trouvoit *Hugues,*
privé des titres de fa famille perdus dans le pillage de la maifon
de fon pere en 1640.

D'ailleurs, *Hugues* ne pouvoit en 1668, au préjudice *de
Jean-Antoine* fon fils, né le 4 Janvier 1660, renoncer à la
nobleffe qu'il tenoit de fes ancêtres. Il eft de principe que le
noble de race ne peut renoncer au détriment de fes enfans,

* La Roque, ch. 12, p. 31.

fur-tout s'ils font déjà nés * ; parce qu'ils ont un droit acquis, que le fait de leur pere ne peut anéantir, les droits du
fang étant inaltérables.

À l'égard du prétendu Jugement ou Ordonnance du 19
Avril 1700, qui condamne *Jean-Antoine*, fils de Hugues,
comme ufurpateur ; il peut être écarté par le même principe,
comme étranger au fieur de Segadenes & à *Pierre-Jofeph* fon
pere, né avant ce Jugement, le 6 Février 1698 : la condamnation de *Jean-Antoine* n'a pu préjudicier à *Pierre-Jofeph,*
dès qu'il eft prouvé qu'il tenoit fa nobleffe de fes autres afcendans.

D'ailleurs, outre que la fignification, l'exécution, l'exiftence même de cette Ordonnance, ne font pas conftatées ;
elle feroit dans le cas d'être anéantie, en démontrant qu'elle
eft le fruit de l'erreur de la part du Magiftrat qui l'auroit rendue ; en rapportant, comme le fait le fieur de Segadenes, des
preuves de poffeffion, conformément à la Déclaration du 7
Octobre 1717, antérieures de plus de 100 années, non-feu-
lement à l'affignation fuppofée donnée à *Jean-Antoine*, à
la requête de Beauval, mais même à la prétendue renonciation *de Hugues*, de 1668, puifque le premier acte de
poffeffion remonte au 19 Mars 1565.

Les ancêtres du fieur de Segadenes, quoique troublés,
n'en ont pas moins confervé la prérogative de leur naiffance,
parce qu'il n'y a que la dérogeance ou la forfaiture qui auroit
pu la leur faire perdre ; l'Adjudicataire ne préfente aucune
preuve de l'une ni de l'autre de ces deux feules caufes def-
tructives de la nobleffe.

S'il

S'il rapportoit une expédition en forme de l'Ordonnance du 19 Avril 1700, il feroit de la juftice du Confeil de l'annuller. Les Jugemens de condamnation en matiere de nobleffe, ne deviennent pas irrévocables par le laps de tems, ils font fubordonnés aux titres que l'on peut recouvrer* ; fur-tout lorfqu'il eft prouvé, comme dans l'efpece, qu'il en a été perdu par des événemens, par une force majeure. De même qu'on pourroit en pareil cas fe pourvoir par Requête civile contre les Arrêts des Cours rendus en cette matiere ; la voie de l'appel ou de la caffation au Confeil de S. M. eft ouverte, en tout état de caufe, contre les Jugemens rendus par les Commiffaires du Confeil prépofés à la recherche des ufurpateurs de nobleffe. C'eft celle à laquelle le fieur de Segadenes a recours furabondamment ; elle ne peut manquer de réuffir contre un Jugement tel que celui de 1700, qui préfente un mal-jugé révoltant, une contrariété frappante avec le Jugement de 1671, lequel reconnoît dans la branche collatérale une nobleffe qu'elle ne pouvoit prendre que de l'ayeul commun, *Antoine I*. Ce Jugement ne pourroit avoir été déterminé que par le défaut de pieces juftificatives, ou revêtues de la forme exigée par les Réglemens ; mais ce prétexte eft détruit par la repréfentation des *expéditions originales* des titres du fieur de Segadenes, ou de copies collationnées fur les minutes avec les prépofés aux recherches, & vifées par un Commiffaire du Confeil.

* La Roque, ch. 73.

TROISIÉMEMENT. L'Ordonnance de décharge du franc-fief obtenue par *Pierre-Jofeph* de Viguier en 1737, & l'Arrêt de la Cour des Aides de Montpellier rendu en 1770, ont été prononcés fur le Jugement de 1671, qui maintient en la nobleffe la branche collatérale *des Viguier de Villenouvelle*. M. de Bernage, alors Intendant de Languedoc, penfa comme M. de S. Prieft, Intendant actuel, & comme la Cour des Aides de Montpellier, enfin comme tout Juge impartial penfera : que la nobleffe reconnue dans la branche cadette, comme procédant de la *tige commune*, avoit dû

D

néceffairement exifter & s'être confervée dans la branche ainée, dans les fieurs de *Viguier de Segadenes,* qui ont toujours vécu noblement.

La repréfentation de l'acte de 1668, n'auroit point fait changer ni fufpendu leurs Jugemens , parce qu'il ne contient pas de renonciation à nobleffe ; qu'au contraire il renferme l'acte confervatoire le plus précis à cet égard.

Le Jugement, ou Ordonnance de 1700 a toujours été inconnu à la famille du fieur de Segadenes ; s'il eût exifté, fi l'Adjudicataire l'eût oppofé au fieur de Segadenes fur la demande en décharge du franc-fief, avant l'Arrêt de la Cour des Aides de 1770, *Pierre-Jofeph* de Viguier en auroit demandé la réformation en cette Cour ; laquelle , fur la repréfentation des titres qui l'ont déterminée, n'auroit fait aucune difficulté de l'anéantir, en vertu de l'attribution à elle accordée par la Déclaration du 8 Novembre 1729. Mais l'Adjudicataire a gardé le filence jufqu'en 1771, qu'il a feulement allégué l'Ordonnance de 1700 , fans en prouver l'exiftence par aucune expédition authentique.

Relativement aux deux paiemens faits par *Pierre-Jofeph* de Viguier pour le franc-fief de la Terre de Ceffales, ils ont été faits par *forme de confignation,* ce qui exclut toute approbation de la part de celui de qui ils procèdent. D'ailleurs le paiement du franc-fief n'eft pas plus deftructif de * La Roque, la nobleffe que celui de la taille* ; il peut avoir pour caufe ch. 89. l'exaction du traitant qui le demande , & la foibleffe de celui qui s'y foumet : de même qu'on ne peut acquérir la nobleffe en fe difpenfant de payer le franc-fief , on ne peut la perdre pour l'avoir payé deux ou trois fois ; fur-tout fi ces paiemens n'ont pas été continués pendant 40 ans.

Enfin ces paiemens ayant été faits en 1759 par le pere du fieur de Segadenes, ils font étrangers au fils , auquel ils n'ont pu nuire, étant né dès 1726. Son état, qu'il tient de fa naiffance , ne doit pas dépendre des entreprifes de l'Ad- * Ch. 64, judicataire , ni des recherches inconfidérées qui fe font p. 199. faites dans le dernier fiecle ; « fans cela , (dit la Roque *)

» les plus anciennes maisons, les plus illustres familles,
» comme il est arrivé, pourroient être dégradées par malice,
» par vengeance, par défaut de preuves, ou par décadence
» des maisons recherchées ».

Si la maison *de Viguier* ne s'est pas conservée dans l'é-
clat qu'elle avoit sous *Gaillard de Viguier;* si (pour se ser-
vir du langage de Minut) « ses descendans n'ont pas tenu
» le rang des plus grands Seigneurs, quoique beaucoup
» leur cédent en ancienneté de maison & valeur des prédé-
» cesseurs ; on doit attribuer cela à la variété de fortune
» & aux effets des armes, lesquelles étant journalieres,
» abattent bien souvent les plus grandes maisons ».

Cependant celle du sieur de Viguier de Segadenes s'est
toujours soutenue avec honneur & décence ; elle n'est jamais
tombée dans l'abjection & le mépris, puisque les meilleures
familles de la Province ont recherché son alliance. Le sieur
de Segadenes, d'une constitution trop foible pour se con-
sacrer au service militaire, y destinoit deux fils de son mariage avec la dame de Severac, dont le pere, décédé Officier Général, leur ouvroit la carriere ; il avoit même es-
pérance de les placer au service personnel, soit de S. M.
soit des Princes. Depuis la demande du franc-fief à lui faite
par l'Adjudicataire, ses enfans sont sans existence ; il n'a
pu profiter des facilités, des avantages que son alliance avec
leur mere lui procuroit, pour leur donner un état.

Cette affaire est pour le sieur de Segadenes & pour sa
famille un sujet de ruine, par les dépenses qu'elle lui a oc-
casionnées en voyages, soit à Montpellier pour obtenir
l'Ordonnance de décharge du franc-fief, soit à la suite du
Conseil, où depuis un an il sollicite la confirmation de
cette Ordonnance. La demande injuste de l'Adjudicataire,
son appel inconsidéré, les longueurs qu'il a affecté depuis 1773 de mettre dans sa défense, pour éloigner le Jugement; tout présente de la part de cet Adversaire un plan
de vexation, dont il n'y a malheureusement que trop d'exem-
ples, mais qu'il est de la justice du Conseil de réprimer

par des dommages & intérêts, afin qu'ils deviennent plus rares.

Sous un Gouvernement dirigé par l'honneur, l'équité & la bienfaisance, le sieur de Segadenes doit attendre un Jugement favorable ; qui loin d'attérer une maison anciennement distinguée dans les armes, ranimera en elle cette vertu guerriere, si utile au Souverain, & si nécessaire à la défense de l'Etat.

COMITÉ DES FINANCES.

MESSIEURS,

MOREAU DE BEAUMONT,
BOUVART DE FOURQUEUX, } Conseillers d'Etat.
DUFOUR DE VILLENEUVE,

Monsieur *DE BONNAIRE DE FORGES*,
Maître des Requêtes, Rapporteur.

Me FLUSIN, Avocat.

GÉNÉALOGIE

GÉNÉALOGIE

DE LA MAISON NOBLE DE VIGUIER.

GAILLARD DE VIGUIER, qualifié dès 1366 par FROISSARD, de MESSIRE & de CHEVALIER, eut, suivant MINUT, pour petit-fils:

PREMIER DEGRÉ.

Noble ANTOINE de Viguier I, Capitoul en 1464 & 1477. Il épousa en troisiemes noces Jacquette DE LANCEFOC, dont il eut sept enfans, entr'autres:

PAULE DE VIGUIER, dite LA BELLE PAULE, présenta en 1533 les clefs de la Ville de Toulouse à François I, épousa Messire Philippe de la Roche, Baron de FONTENILLE; institua pour héritier universel Noble PIERRE-PAUL DE VIGUIER, fils de Noble ANTOINE son frere, & lui substitut ANTOINE III, Sieur DUCROS, fils de PIERRE.

SECOND DEGRÉ.

Noble, ANTOINE de Viguier II, Ecuyer du Roi Henri III, épousa en 1579 Demoiselle Marie DE JAS DE Sgadenes, fille de Noble Arnaud de Jas, Seigneur de Sgadenes.

SECOND DEGRÉ COLLATÉRAL.

Noble PIERRE de Viguier, Châtelain de S. Rome, établi à Villenouvelle, épouse Demoiselle Franquette DUCROS.

TROISIEME DEGRÉ.

Noble, PIERRE-PAUL de Viguier, Seigneur de Segadenes, s'établit à Villefranche de Lauragnais. Il épousa en 1623 Demoiselle Jeanne DE COFFINIERES ou DE COUFFIN, fille de Noble Jean de Coffinieres, Seigneur de Valt.

Henri, mariée à Thozat DE BARCLAY.

TROISIEME DEGRÉ.

Noble ANTOINE de Viguier III, Sieur Ducros, épouse Demoiselle Marie MAZENAVE.

QUATRIEME DEGRÉ.

Nobles, HUGUES de Viguier de Segadenet, épousa en 1659 Demoiselle Cécile DE PINEL, fille de François de Pinel, & sœur de Guillaume de Pinel, Ecuyer.

Jean-Antoine, mort sans posterité.

QUATRIEME DEGRÉ.

Noble GUILLAUME de Viguier I, Sieur de Moles, maintenu en la Noblesse par Jugement du 4 Janvier 1671, comme descendant d'Antoine de Viguier, Capitoul en 1464; épouse Demoiselle Claire DE LATGER.

CINQUIEME DEGRÉ.

Noble, JEAN-ANTOINE de Viguier de Segadenes, épousa en 1687 Demoiselle Louise DE BARCLAY, fille de Noble Thomas de Barclay, sa parente au troisieme degré.

Jean-Antoine, Député comme Noble aux Etats, mort en 1667; mort sans posterité.

Jeanne, mariée à Noble Gabriel DE FITERIA-SAINT-LARI, Ecuyer.

CINQUIEME DEGRÉ.

Noble GUILLAUME de Viguier II, Seigneur de Durfort, épouse Demoiselle DEMARÉS.

SIXIEME DEGRÉ.

Noble PIERRE-JOSEPH de Viguier de Segadenet, déchargé du franc-fief par Ordonnance du 21 Janvier 1717; reconnu Noble par Arrêt de la Cour des Aides de Montpellier, du 26 Juin 1770; épousa en 1712 Demoiselle Françoise DE MONTSERRAT, Co-Seigneuresse de Cessales, fille de Noble Pierre de Montserrat.

Guillaume, mort sans enfans.

SIXIEME DEGRÉ.

Dame ANGÉLIQUE de Viguier, femme en premieres noces de Noble Ignace DE MASNAU, Seigneur de Bousignac; en secondes noces, de Messire de SAINT-ETIENNE, Baron de la Pomarede.

SEPTIEME DEGRÉ.

Noble PIERRE-LOUIS de Viguier de Segadenes, Seigneur de Cessales, a épousé en premieres noces Demoiselle Jeanne DE ROLLAND de Saint-Rome; & en secondes, Demoiselle DE SEVERAC, Dame de Jayet.

SEPTIEME DEGRÉ.

Demoiselle Jeanne DE MASNAU, mariée au Comte de BRUYERES-CHALABRE.

Demoiselle DE SAINT-ETIENNE de la Pomarede, mariée au Sieur DE LORDAT, Baron des Eigis.

PIECES JUSTIFICATIVES

DE LA GÉNÉALOGIE.

PREUVES HISTORIQUES.

GÉNÉALOGIE DE PAULE DE VIGUIER, dite la belle Paule, par MINUT, Baron de Caſtera, Sénéchal de Rouergue, en ſon Traité de la BEAUTÉ & de la PAULE-GRAPHIE, imprimé à Lyon en 1587, & dédié à Catherine de Médicis, par Charlotte de Minut, Abbeſſe de Sainte Claire de Touloufe.

« CE n'eſt par aucune oſtentation ne gloire des humains, diſcerner
» l'état .. race de VIGUIER ; car la vérité eſt telle que leurs prédé-
» ceſſeurs étoient Gaſcons, auſſi eſt recité en l'hiſtoire de Jean *Froiſſart,*
» que *Meſſire Gaillard Viguier, biſayeul de ceſte Paule la belle,* fit
» une chevauchée à Navarret, avec Meſſire Thomas de Phelleton,
» pour le Prince de Galles, *en l'an* 1366, comme témoigne ledit
» Froiſſart en ſadite hiſtoire, chapitre 237, page 288.

» Lequel *Meſſire* Gaillard Viguier, en chevauchant avec le ſuſdit
» pour recognoître les ennemis, ils rencontrerent le Comte de Don-
» teille Caſtillan, avec grande multitude de gens & furent contraints
» de ſe retirer ſur une montagne ; Froiſſart, chapitre 239, page 291.

» Le meſme Gaillard Viguier ſe trouva à la bataille entre Mardres
» & Navarret, ſous le Pennon S. George à la banniere de Meſſire Jean
» Chandos, là où il fut *fort brave Chevalier ;* Froiſſart, chapitre 241,
» page 297.

» Ledit *Meſſire* Gaillard Viguier, & auſtres eſtant retournez de Caſ-
» tille du ſervice du Prince de Galles, vint en Aquitaine pour ſe
» faire payer & ſes gens ; mais le Prince n'ayant argent preſt, les
» prie qu'ils s'en allent, ce qu'ils firent & vindrent en France ; Froiſſart,
» chapitre 344, page 305.

» Ledit *Meſſire* Gaillard Viguier fuſt accuſé de trahiſon, & autres
» à Bordeaux, pour le Chaſteau de Fronſac qui ſe rendit François :
» mais il en fut excuſé par le Pape Grégoire unzieme au ſervice duquel

E

» il eftoit, & par le Seigneur de Coufti, & fut trouvé innocent ; Froiffart,
» chapitre premier du fecond livre , page 2.

» Le mefme *Meffire* Gaillard Viguier alla avec l'Evefque de Nar-
» duich pour le pape Urbain fixiefme , contre les Clementins, l'an
» 1383 ; Froiffart, chapitre 133 , page 217.

» De ce , il apparoift par ledit Hiftorien remarquable & véritable,
» & adonné pour tel de toute perfonne de fcience, que *la maifon*
» *de Viguier eft en eftre depuis l'an* 221 ; au non , au nombre de
» fimple foldat ou Efcuyer , mais *de Capitaine & Chevalier*, comme
» vous le trouverez dans Froiffart, ès lieux fufdits plus amplement.

» Ledit *Meffire* Gaillard Viguier étoit un des plus beaux & vail-
» lans *Seigneurs* qui depuis ce tems ait efté, il *conduifoit de grandes*
» *troupes de Gendarmes ,* fans fouler le peuple , comme eft porté par
» ladite hiftoire de Jean Froiffart.

» Or , *donc le pere de cefte belle Paule eftoit fils du fils de ce Meffire*
» *Gaillard Viguier , lequel exerça auffi l'art militaire*, car ne pouvant
» dégenerer, ains fuivant la voie de fondit ayeul en l'aage de vingt
» ans, fut reçu en une compagnie de Cavalerie; comme durant fa vie
» & fa grande vieilleffe il reçoit, & difoit qu'il s'eftoit trouvé en une
» grande bataille du tems que Narbonne fuft prife, où il fe porta fi
» vaillamment, qu'il difoit avoir paffé & repaffé par la bataille où il
» rompit deux lances ; & comme la paix fuft faite , il fe retira en
» Arragon , là où il fe maria & vefquit long-tems.

» De ce mariage il eut une fille, laquelle au baptefme fut appellée
» Cavalliere ; elle accreût en beauté , fi bien qu'elle portoit le nom
» de la belle Cavalliere : la mere de cefte belle cavalliere , femme
» du pere de cefte belle Paule , avoit un oncle homme d'Eglife fécu-
» lier, lequel avoit acquis beaucoup d'héritages en la ville de Tholofe,
» & fe nommoit Monfieur Remy , lequel décédant laiffa fadite niepce
» héritiere : donc, *noble Antoine de Viguier, pere de cefte belle Paule ,*
» vint en ladite ville de Tholofe avec fa femme & leur dite fille , pour
» recueillir ledit héritage. Et voilà l'arrivée du pere de cefte belle Paule
» en Tholofe ; & y ayant demouré long-tems paifiblement mari &
» femme , la femme décéda , & la belle Cavalliere fa fille auffi , fans
» avoir été mariée.

» Puis , ledit Viguier quelque-tems après fe remaria en fecondes
» noces , & print femme de la maifon d'Algaret, noble & ancienne
» maifon , avec laquelle il vefquit longue efpace d'années.

» Laquelle décédée, *ledit Viguier homme puiffant & de grand cœur,*
» *encore qu'il eut atteint l'aage de foixante cinq ans, il fe remaria avec*
» *Jacquette de* LANCEFOC, aagée auffi de quarante ans, belle & chafte,
» fur toutes les femmes de fon tems. Son pere étoit yffu de Fijac ,
» de noble & ancienne maifon, dont les prédéceffeurs fortoient d'An-

» gleterre , & la mere de ladite Jacquette , fortoit de la maifon de
» Callemanne , nommée Peronne du Luc , fœur propre de ce tant
» renommé & vaillant Seigneur Meffire Guyon du Luc , qui étoit
» oncle de cefte belle Paule , lequel en efprit , hardieffe de cœur &
» vaillance de corps , ne cédoit à nul de fon tems , tant il étoit puiffant
» & courageux : il portoit auffi en fon vifage une douceur , beauté
» & grace , & la petite marque de pois chiche que porte au vifage
» ladite belle Paule , d'où Ciceron prend fon nom. Et la mere de
» ladite Peronne du Luc étoit noble damoifelle Anne de Callemanne ,
» qui prenoit fon origine de la maifon de Malbuiffon de Martel en
» Rouergue , ce que l'on trouve par leurs teftamens.

» Ledit Meffire Guyon décéda fans eftre marié , dont fes biens
» furent baillez , partie à la maifon de Callemanne , & partie a efté
» à ladite Peronne du Luc ayeule de cefte Paule la belle.

» *Ledit fieur de Viguier eut de fon dernier & troifieme mariage*
» *avec ladite Jacquette fa femme trois enfans mafles , l'aifné defquels*
» *fe nommoit* ANTOINE , d'une beauté excellente , laquelle il accom-
» pagna d'une perfection admirable de tous honneftes exercices , d'un
» comble de toutes vertus & d'un fçavoir non pareil , qui le rendit
» & le fit eftimer le plus *accompli Gentilhomme de fon tems* : lequel
» preft à eftre reçu Confeiller en la Cour de Parlement à Tholofe ,
» *quitta la robe pour porter l'épée & fuivre Monfieur d'Alençon , frere*
» *du Roi,* Charles neufvieme, regnant pour lors, lequel entra en triom-
» phe en fadite ville de Tholofe en l'année 1564 ; *auquel fon fervice*
» *fut fi agréable , que quelques années après , icelui defirant s'en aller*
» *exercer en la compagnie du Seigneur de Briffac , Général de l'armée ,*
» *que noftredit Roi Charles envoyoit au fecours des Chevaliers de l'Ifle*
» *de Malthe , à l'encontre du Turc qui l'avoit affiégée , & ayant obtenu*
» *congé de fondit Seigneur & Maiftre , obtint par mefme moyen lettres*
» *de faveur d'iceluy , envoyées au Grand-Maiftre dudit Malthe ; en la*
» *Compagnie duquel après avoir reçu toutes les faveurs & courtoifies que*
» *méritoit un fi vertueux Gentilhomme , & que ledit fieur Grand-Maiftre*
» *fe peut advifer eftre aggreable audit Seigneur d'Alençon , s'en revint*
» *en France au tems des fecondes guerres civiles , eftant Colonnel de*
» *certaines compagnies Italiennes , après avoir demeuré quatre ans en*
» *Italie & mefmement à Rome , où il eftoit fort aimé , & favori de*
» *la fainteté du Pape Pie cinquiefme ; & ayant prefenté lefdites compa-*
» *gnies à mondit Seigneur d'Alençon fon maiftre , il fut fait fon Grand*
» Escoyer.

» Plus , il euft du mefme mariage , outre lefdits trois enfans mafles ,
» quatres filles des plus belles de leurs tems , chacune de diverfe
» beauté ; *mais cefte Paule eft la derniere* , la mettant au rang des
» Graces.

» Car trois graces eſtoient, n'eſtant encore née,
» La Paule, qui devoit vaincre leur renommée.

» Laquelle porte en l'anagramme de ſon nom, (*Paule de Viguier*)
» ceſte belle Sentence conforme à ſa bonne vie, (*La pure vie guide.*)
» Croyez que pour éviter prolixité, j'ai dit le plus ſuccinctement
» qu'il m'a eſté poſſible, les faits inſignes *de ceſte noble maiſon :* leſquels
» deſcrits ſelon qu'ils méritent, & que le cas le requiert, il y faudroit
» un bien gros livre & un très diſert Eſcrivain : mais ne pouvant les
» dire comme il appartient, je te dirai en un mot que de ceſte ex-
» cellente famille de Viguier, ſont ſortis comme d'une féconde pe-
» piniere des plus belliqueux, vaillants & hardis Chevaliers qu'ayent
» oinez la France, & des plus belles chaſtes & courtoiſes Dames qui
» ſe ſoyent veues : & parce que ſi le guerdon ſuivoit le mérite comme
» il faudroit, ils devroient tenir le rang des plus grands Seigneurs,
» tu pourrois t'eſtonner de ce que tu ne les vois plus honnorez, &
» reverez qu'ils ne ſont, veu que tu vois un grand nombre de Sei-
» gneurs, qui leur cédent en ancienneté de maiſon & valeur des
» prédéceſſeurs, eſtie plus renommez qu'eux par l'ignorant populaire :
» ſaches que tu dois attribuer cela à la variété de fortune & aux effets
» des armes, leſquelles eſtant journalieres abbatent, bien ſouvent de
» très grandes maiſons ».

LA FAILLE, *Annales de Touloufe*, tome 2, page 84, dit en citant
PETROIS :

« La fameuſe *belle Paule*, vêtue en nymphe, complimenta François I
» en vers, & lui préſenta les clefs de la ville de Touloufe, lors de
» l'entrée de ce Roi en cette ville, en 1533 ».

Il dit encore dans le même volume, page 20 *de ſes additions,*
article *de la belle Paule.*

« L'article de la belle Paule a beſoin d'une plus longue explica-
» tion ; c'étoit une fille *de qualité*, d'une beauté incomparable ; elle
» avoit nom *Paule de Viguier, etoit fille d'Antoine de Viguier & de*
» *Jacquette de Lancefoc, & ſœur d'Antoine de Viguier, Ecuyer de*
» *Henri III ;* qui deſcendoit par ſon pere de Gaillard de Viguier,
» *Chevalier,* qui, ſelon Froiſſart, ſervoit avec commandement dans la
» guerre de la Religion où il ſe ſignala. *Elle fut mariée avec Philippe*
» *de la Roche, Baron de Fontenilles, Capitaine de 50 hommes d'armes.*
» Cette ancienne maiſon ſubſiſte encore en *MM. de Viguier de Séga-*
» *denes de Villefranche de Lauraguais,* & en MM. de Viguier de Ville-
» nouvelle * ».

Il cite la Pau-
legraphie de Minut
& la Genealogie
de Viguier faite
par le même Au-
teur.

Il ajoute que la ſépulture de la maiſon de Viguier, *eſt aux Auguſtins*
à Touloufe.

RAYNAL , *dans fon Abregé de l'Hiftoire de Touloufe , page* 332 *, notice des perfonnages de cette ville , dit :*

« Que Paule de Viguier auffi fameufe par fa vertu que par fa beauté »
» étoit d'une ancienne & illuftre maifon, dont Minut parle avec éloge
» & fait la généalogie dans fa *Paulegraphie* ; ouvrage fingulier dans
» lequel il détaille tous fes charmes, en nommant par leurs noms toutes
» les parties de fon corps.

Il ajoute « que le Parlement de Touloufe rendit un Arrêt , pour
» obliger la belle Paule à fe montrer plus fouvent , afin d'éviter les
» accidens arrivés dans la foule, empreffée à la voir ».

Madame la Marquife de Lambert , rapporte ce trait dans fes
Œuvres.

Le *Préfident d'ORBESSAN , dans fes Mélanges de Littérature ,* a fait
l'éloge hiftorique de la belle Paule, & dit dans une remarque féparée :
« qu'*Antoine de Viguier, Ecuyer du Roi Henri III , frere de Paule de*
» *Viguier, a fait la branche de MM. de Viguier de Segadenes de Ville-*
» *franche de Lauraguais.*

ACTES DE FAMILLE ET TITRES,

SUR LE PREMIER ET SECOND DEGRÉ.

CERTIFICAT des Capitouls de Touloufe , du 28 Mai 1770 ,
qui conftate que *noble* ANTOINE *de Viguier* a été Capitoul de cette ville
en 1464 & 1477.

19 Mars 1565.

Expédition originale,délivrée fur la minute,d'une procuration paffée
par *noble* ANTOINE *Viguier , Valet-de Chambre ordinaire de M. le Duc
d'Orléans & homme d'Armes de la Compagnie de Grandmont.*

13 Août 1569.

Expédition certifiée par le Procureur de Beauval , fur l'original vû
le 5 Octobre 1701, par M. de Lamoignon , Intendant de Languedoc ,
d'un partage ou tranfaction paffée entre *noble* ANTOINE *Viguier, Ecuyer,
&* PIERRE *de Viguier ,* Bourgeois de Touloufe (a) , *freres,* au fujet des
biens de *feu Antoine Viguier leur pere.*

25 Novembre 1576.

Expédition faite fur la minute reçue par le même Notaire, d'un acte
de vente de la maifon paternelle , fituée à Touloufe , paffé par Noble

(a) Les anciens Capitouls & leurs enfans prenoient, par diftinction , la qualité
de *Bourgeois de Touloufe.* V. le Traité de *la Nob.* des *Cap.* par Lafaille.

34

PIERRE *de Viguier, habitant de Villenouvelle, à noble* ANTOINE *de Viguier son frere, Ecuyer du Roi.*

26 Avril 1579.

Expédition faite fur la minute par un Notaire de Touloufe, le 14 Novembre 1724, & contrôlée, du contrat de mariage d'ANTOINE *de Viguier, Ecuyer,* avec *demoifelle Marie de Segadenes,* fille de feu *noble* Arnaud DE JAS, Seigneur de Segadenes.

A ce contrat affifterent le fieur de la Riviere, *Vicomte de la Batut,* le fieur *de S. Felix,* les dame & demoifelle *Doffun,* familles dès-lors très - diftinguées.

14 Décembre 1596 & 4 Juin 1597.

Expédition collationnée & certifiée le 23 Mars 1669, par le fieur d'Héricourt, Commiffaire fubdélégué pour la recherche des ufurpateurs du titre de Noble, & corrigée par le Procureur de Beauval fur l'original vû par M. de Lamoignon le 5 Octobre 1701, de deux actes paffés entre *Marie de Jas,* comme mere & tutrice de PIERRE-PAUL *de Viguier, de Jean-Antoine de Viguier,* & de *Henrye de Viguier fes enfans,* veuve de feu noble ANTOINE *de Viguier, Ecuyer du Roi,* d'une part ; de noble PIERRE *Viguier, Châtelain de S. Rome, fon beau-frere,* & demoifelle *Franquette Ducros fa femme,* d'autre part ; dans lefquels actes il eft fait mention de *PAULE de Viguier,* tante defdits Viguier mineurs.

26 Septembre 1607.

Expédition en parchemin, collationnée fur la minute & certifiée par ledit fieur d'Héricourt le 23 Mars 1669, du teftament DE PAULE *de Viguier,* veuve de Meffire Philippe de la Roche, Chevalier de l'Ordre du Roi, Capitaine de 50 hommes d'Armes, Baron *de Fontenille ;* par lequel elle dit, qu'elle *veut être enterree aux Auguftins de Touloufe, dans le tombeau de Jacquette de Lancefoc fa mere ;* elle inftitue pour héritier univerfel, noble PIERRE-PAUL *de Viguier, fils* de feu ANTOINE *de Viguier, Ecuyer, fon frere:* elle fait des legs particuliers *à Jean-Antoine de Viguier & Henrye de Viguier,* (celle-ci alors mariée à Thomas de Barclay, Docteur Régent en l'Univerfité de Touloufe,) *frere & fœur dudit Pierre-Paul,* & comme lui, *enfans dudit feu* ANTOINE *de Viguier & de Marie de Jas;* elle fubftitue à fon héritier *Antoine de Viguier,* auffi fon neveu, fils de PIERRE *de Viguier, autre frere de la teftatrice & de demoifelle Franquette Ducros.*

‘ SUR LE TROISIÉME DEGRÉ.

18 Mars 1610.

Expédition faite fur la minute par le Notaire qui l'a reçue, de l'acte de dépôt de ce teftament fait par ladite *Paule de Viguier*, à la requifition de *noble* Pierre-Paul *de Viguier, fieur de Segadenes, fon neveu.*

21 Octobre 1622.

Groffe en parchemin d'une quittance donnée par noble Pierre-Paul *de Viguier, Seigneur de Segadenes, Habitant de Villefranche de Lauraguais*, & par *demoifelle Jeanne de* Coffinieres, fille de feu „noble *Jean de Coffinieres* „| Seigneur de Vallés, à noble *Hugues-Germain de Coffinieres*, leur beau-frere & frere, *de partie de la dot* conftituée à ladite Jeanne de Coffinieres, *femme dudit Pierre-Paul de Viguier.*

19 Janvier 1631.

Expédition d'une tranfaction paffée entre *noble* Pierre-Paul *de Viguier, fieur de Segadenes, & Noble Hugues-Germain de Coffinieres de Vallés*, au fujet de la conftitution dotale de ladite Jeanne de Coffinieres.

29 Décembre 1633.

Expédition délivrée fur la minute par le Notaire qui l'a reçue, d'une tranfaction paffée entre *noble* Paul *de Viguier* & *noble Henry Durieu, fieur de la Roquette*, fon frere uterin, faifant tant pour lui que pour *Marie de Jas leur mere*, au fujet de la donation qu'elle leur avoit faite de fes biens, fous réferve d'ufufruit.

23 Janvier 1640.

Acte de requifition faite de la part de demoifelle *Jeanne de Couffin*, femme de *noble* Pierre-Paul *de Viguier, fieur de Segadenes*, aux Confuls de Villefranche, pour dreffer Procès-verbal *du pillage de fa maifon*, fait par les gens de guerre qui avoient logé en ladite Ville, à l'effet de fe pourvoir par fon mari, ainfi & par devant qui il appartiendroit.

Sur le quatriéme Degré.

16 Avril 1657.

Expédition délivrée fur la minute par le Notaire qui l'a reçue, du teftament de demoifelle Jeanne de Couffin, veuve de feu *noble Pierre-Paul de Viguier, fieur de Segadenes*, par lequel elle inftitue pour héritiers fes deux enfans *noble Jean-Antoine de Viguier &* Hugues *de Viguier*, & fait un legs *à Jeanne de Viguier fa fille*.

5 Février & 25 Juillet 1659.

Groffe du contrat de mariage de noble *Hugues de Viguier*, *fils de feu noble Pierre-Paul de Viguier*, *fieur de Segadenes*, & de demoifelle *Jeanne de Couffin*, avec demoifelle *Cecille de Pinel*, fille du feu fieur François Pinel ; *noble* Jean Dufaur de Fontaine, fieur de Becflou, *noble* Marc-Antoine de Lort, Seigneur de Couffe, *noble* Antoine François Gailhard, *Ecuyer*, affifterent à ce contrat, comme proches parens du futur.

A la fuite eft une quittance donnée par *noble Hugues de Viguier*, à *Guillaume de Pinel*, *Écuyer*, fon beau-frere, d'une fomme que celui-ci devoit lui payer fuivant le contrat de mariage.

4 Janvier 1660.

Extrait tiré des Regiftres de la paroiffe de Villefranche de Lauraguais, légalifé par les Confuls de cette ville, Juges civils, criminels & de police, de l'acte baptiftaire de *Jean-Antoine de Viguier*, *fils de noble Hugues de Viguier*, & de demoifelle Cecile de Pinel, mariés ; le parein étoit noble *Antoine de Viguier*, parent au troifiéme degré de Hugues de Viguier.

30 Mars 1662.

Expédition délivrée fur la minute par le Notaire qui l'a reçue, d'une quittance donnée par *noble Gabriel de Fiteria de S. Lary*, *Ecuyer*, & demoifelle *Jeanne de Viguier*, fiancés, de la fomme de 3000 liv. payée par *nobles Jean-Antoine & Hugues de Viguier*, *fieurs de Segadenes*, freres de ladite demoifelle, héritiers bénéficiaires de feu noble *Pierre-Paul de Viguier*, *fieur de Segadenes*, & de demoifelle *Jeanne de Couffin*, leurs pere & mere.

22 Mars 1667.

Brevet portant permiffion du port d'armes, accordé par le Duc de Verneuil, Pair de France, Gouverneur du Languedoc, au fieur de *Segadenes*, comme *Gentilhomme de nom & d'armes*.

8 Novembre 1667.

Brevet de délégation faite par le fieur d'Anglure, Archevêque de Touloufe, Commiffaire ordinaire du Diocèfe, de la perfonne de *noble Jean-Antoine de Viguier*, *fieur de Segadenes*, pour affifter avec maître Guillaume de Guillem, Bourgeois de S. Felix, à l'affemblée des Etats tenus à Montpellier.

28 Mai 1668.

Acte d'offres, fait par *Hugues de Viguier*, au Commis à la recette des deniers provenans des taxes faites fur ceux qui s'étoient qualifiés *de Meffire, Noble, Chevalier, ou Ecuyer*, de payer dans le cours du mois courant la fomme de 113 liv. 15 f., à laquelle il avoit été taxé par Ordonnance du fieur de Befons, Intendant de la Province ; *avec proteftation que c'étoit fans préjudice de fe pourvoir contre la dé- claration que l'on pourroit exiger de lui, lorfqu'il auroit trouvé des titres fuffifans pour juftifier fa noblefe & de repéter ladite fomme.*

23 Mars 1669.

Procès-verbal dreffé par le fieur d'Héricourt, Commiffaire fubdé- légué pour la recherche des ufurpateurs du titre de Noble en Lan- guedoc, à la requifition *de Meffire Hugues de Viguier, fieur de Sega- denes, pour noble Jean-Antoine de Viguier, fieur de Segadenes, Syndic du Diocèfe de Touloufe, fon frere ;* du collationnement fait en préfence du prépofé d'Alexandre Beleguife, chargé de la pourfuite de ladite recherche ; 1°. *du teftament de Paule de Viguier, veuve de Philippe de la Roche, Chevalier de l'Ordre du Roi, Baron de Fonte- nille, du 6 Septembre 1607 ;* 2°. de deux actes paffés les 14 Décem- bre 1596 & 4 Juin 1597, entre demoifelle *Marie de Jas de Sega- denes,* comme *mere & adminiftratrice de Pierre-Paul de Viguier, Jean-Antoine de Viguier & Henrye de Viguier fes enfans, veuve à feu noble Antoine de Viguier, Ecuyer du Roi,* d'une part ; *noble Pierre de Viguier & demoifelle Franquette Ducros fa femme, d'autre part.*

Janvier 1671.

Expédition délivrée par le Garde des Archives de la Cour des Aides de Montpellier, du Jugement rendu par le fieur de Befons, In- tendant de Languedoc, Commiffaire député pour la vérification des titres de noblefe & recherche des ufurpateurs en cette Province,

Entre le Procureur du Roi en la commiffion, diligence d'Alexan- dre Beleguife, chargé de la pourfuite en l'exécution de la Déclaration du 8 Février 1664, & Arrêt du Confeil du 24 Mars 1667, d'une part ;

Noble Guillaume de Viguier, habitant de Villenouvelle, diocèfe de Touloufe, défendeur, d'autre part :

Sur le vu des pieces fuivantes, 1°. du teftament de M. Me *Antoine de Viguier Ducros,* par lequel il a fait légal à Guillaume de Viguier fon fils, du 17 Septembre 1614.

Jugement de maintenue en la noblefe, rendu en faveur de la bran- che collatérale des Viguier de Ville- nouvelle.

F

2°. Du mariage dudit noble Guillaume de Viguier, avec demoifelle Claire de Latger, du 20 Janviei 1641.

3°. Une procuration faite par noble Guillaume de Viguier, fieur de *Moles*, Lieutenant entretenu de la Marine, pour recevoir les arrérages de fes montres, du 18 Mai 1638.

4°. Extrait du compoix de Villenouvelle de 1633, dans lequel eft compris noble Guillaume de Viguier, Ecuyer.

5°. Teftament de *demoifelle Franquette Ducros, veuve de noble Pierre de Viguier, Chatelain de S. Rome,* par lequel elle inftitue fon héritier *noble Antoine de Viguier fon fils*, du 2 Décembre 1606.

6°. *Teftament de dame Paule de Viguier, veuve de Meffire Philippe de Laroche, Chevalier de l'Ordre du Roi, par lequel elle déclare avoir nourri l'efpace de 18 ans Pierre-Paul de Viguier, Jean-Antoine de Viguier fes neveux, fils de noble Antoine de Viguier, du 26 Septembre 1607; avec le Procès-verbal d'ouverture d'icelui, fait à la requête de Pierre-Paul de Viguier.*

7°. Mariage de *noble Antoine Viguier Ducros,* affifté de *demoifelle Franquette Ducros,veuve de feu noble Pierre Viguier, Châtelain,* avec demoifelle Marie Mazanave, du 17 Décembre 1598.

8°. *Mariage de noble Pierre de Viguier, fils de feu noble Antoine de Viguier, ancien Capitoul de Toulouse, avec demoifelle Franquette Ducros,* du 21 Novembre 1554.

9°. Certificat donné par les Capitouls de Toulouse, le 9 Septembre 1668, comme *feu noble Antoine de Viguier fut Capitoul de ladite ville en l'année* 1464, *finiffant en* 1465, &c.

Par lequel Jugement fouverain & en dernier reffort, ledit Guillaume de Viguier a été déclaré *noble & iffu de noble race & lignée*, &c. (comme defcendant *par Antoine de Viguier Ducros fon pere, & Pierre de Viguier, Châtelain de S. Rome fon* grand-pere, mari de *Franquette Ducros, d'Antoine de Viguier I,* Capitoul en 1464, fon bifayeul.)

4 Juin 1674.

Commiffion donnée par M. d'Aguesseau, Intendant de Languedoc, au fieur de *Viguier de Segadenes,* pour paffer en revue les troupes du Diocèfe de Touloufe.

Sur le cinquième Degré.

16 Juin 1687.

Expédition d'une Sentence de l'Official de Touloufe, portant fulmination des Bulles obtenues par *noble Jean-Antoine de Viguier de*

Segadenes , & demoïfelle Louife de BARCLAY , portant difpenfe pour fe marier , nonobftant la paienté qui-étoit entr'eux au troifieme degré de confanguinité.

24 Juin 1687.

Expédition délivrée fur la minute par le Notaire qui l'a reçue, des pactes de mariage d'entre *ledit noble ANTOINE de Viguier, fieur de Se-gadenes , & la demoifelle Louife de Barclay ,* affiftée *de noble Thomas de Barclay fon pere.*

23 Mai 1689.

Expédition d'une procuration paffée par *noble JEAN-ANTOINE de Viguier, fieur de Segadenes , à noble Guillaume de Viguier , fieur de Sega-denes fon frere ,* pour régir & gouverner fes biens pendant fon abfence , pour le fervice *volontaire de l'arriere-ban , concurrement avec demoifelle Louife de Barclay , femme du conftituant.*

27 Juin 1696.

Quittance de la taxe impofée pour le *ban & arriere-ban ,* payée par *noble JEAN-ANTOINE de Viguier de Segadenes.*

9 Février 1698.

Extrait baptiftaire légalifé par les Confuls de Villefranche de Lau-raguais, *de Pierre-Jofeph, fils de noble JEAN-ANTOINE de Viguier, fieur de Segadenes , & de demoifelle Louife de Barclay , mariés.*

12 & 19 Août 1699.

Extrait delivré par le Secrétaire Greffier du Confulat d'Avignonnet du- compoix dudit lieu, contenant le détail des biens poffédés par *noble HUGUES de Viguier, fieur de Segadenes ,* comme héritier bénéfi-ciaire de feu Pierre-Paul de Viguier.

A la fuite eft l'original d'un exploit de faifie-réelle defdits biens, faite à la requête de *JEAN-ANTOINE de Viguier, fieur de Segadenes , fur noble Guillaume de Viguier , fieur de Segadenes.*

24 Août 1702.

Affignation donnée à *noble JEAN-ANTOINE de Viguier , fieur de Se-gadenes ,* à la requête *d'Angelique de Viguier,* petite fille *de Guillaume de Viguier,* maintenu en la nobleffe par le Jugement de *1671,* pour affifter *comme parent* à la nomination d'un tuteur à la demoifelle *Jeanne-Marie de Mafnau,* fille mineure de ladite Angélique de Viguier , & de feu *noble Ignace de Mafnau, Seigneur de Boufignac ,* mariée depuis au fieur de *Lordat,* Baron des Etats.

F ij

SUR LE SIXIEME DEGRÉ.

28 Novembre 1722.

Aĉte de célébration de mariage faite en la Paroiſſe de Ceſſales, légaliſé par le Diocéſain, *de noble* PIERRE-JOSEPH *de Viguier, ſieur de Segadenes,* avec demoiſelle Françoiſe de MONTSERRAT, *Coſeigneureſſe de Ceſſalles,* en préſence *de noble Jean-Antoine de Viguier de Segadenes, pere de l'é- poux,* de dame Françoiſe de Saint-Felix, mere de l'épouſe, *de Meſſire Louis de Saint-Felix de Labourel, Seigneur de Varennes, oncle de l'é- pouſe, &c.*

8 Février 1726.

Extrait baptiſtaire tiré des Regiſtres de la Paroiſſe de Villefranche de Lauraguais, & légaliſé par le Diocéſain, *de Pierre-Louis, fils de noble* PIERRE-JOSEPH *de Viguier de Segadenes,* & de dame Françoiſe de Montferrat de Ceſſalles. mariés. La maraine étoit *demoiſelle Louiſe de Barclay, femme de noble Jean-Antoine de Viguier, ſieur de Segadenes,* ayeule de l'enfant.

21 Décembre 1735.

Expédition d'un aĉte de vente du quart de la Juſtice de Ceſſalles, fait au profit de *noble* PIERRE-JOSEPH *de Viguier de Segadenes.*

21 Janvier & 7 Février 1737.

Requête préſentée par noble PIERRE-JOSEPH *de Viguier de Sega- denes, Seigneur de Ceſſalles,* à M. de Bernage, Intendant de Lan- guedoc, pour obtenir la décharge du franc-fief à lui demandée par For- ceville, fermier des Domaines, pour la Terre de Ceſſalles; à la ſuite de laquelle eſt l'Ordonnance de ce Magiſtrat, rendue contradiĉtoire- ment avec le Direĉteur des Domaines, ſur la repréſentation du Juge- ment de 1671, & autres pieces juſtificatives, par laquelle ledit ſieur Viguier de Segadenes a été déchargé de la taxe du franc-fief.

Enſuite eſt l'exploit de ſignification de cette Ordonnance, au Direc- teur des Domaines.

27 Juin 1770.

Expédition des concluſions données par le Procureur Général du Roi en la Cour des Aides de Montpellier, ſur la demande *de* PIERRE- JOSEPH *de Viguier de Segadenes,* en déclaration *de nobleſſe perſonnelle,* & ſur le vu des pieces juſtificatives.

28 Juin 1770.

Arrêt de la Cour des Aides de Montpellier, qui déclare PIERRE- JOSEPH *de Viguier de Segadenes noble & iſſu de noble race & lignée;* ordonne que le Jugement rendu en faveur de Guillaume de Viguier de

'illenouvelle, le 4 Janvier 1671 , fera & demeurera commun avec
ii , *comme defcendans l'un & l'autre de la même tige* ; en conféquence,
ue tant ledit Pierre-Jofeph de Viguier de Segadenes , que fes enfans
és & à naître en légitime mariage , jouiront des privileges de nobleffe ;
ant & fi longuement qu'ils vivront noblement; & qu'à cet effet ledit,
'ierre-Jofeph de Viguier de Segadenes fera infcrit par nom , furnom &
eu de fa demeure dans le catalogue des Nobles de la Province, pour
ouir en ladite qualité , des honneurs & prérogatives y attachés; fait
éfenfes à toutes perfonnes de lui donner , à raifon de ce, aucun
rouble ni empêchement, &c.

Sur le septieme Degré.

28 *Novembre* 1771 & 27 *Juin* 1772.

Requête de *noble PIERRE-LOUIS de Viguier de Segadenes*, à M. l'In-
endant de Languedoc, par laquelle il a demandé , qu'en le recevant
n tant que de befoin , oppofant la prétendue Ordonnance du
) Avril 1700, vû ce qui réfultoit du Jugement du 4 Avril
1671 , de l'Ordonnance de décharge du franc-fief, du 21 Jan-
ier 1737 , de l'Arrêt de la Cour des Aides de Montpellier, du 28
uin 1770, & de tous les actes & titres juftificatifs de fa nobleffe; il
ût déchargé ainfi que la dame de Severac fon époufe, de la demande
n exécution de la contrainte décernée le 15 Juillet 1767 pour droit
e franc-fief de la Terre de Juzes appartenante à la dame de Severac ,
vec défenfes à l'Adjudicataire & fes prépofés , de lui apporter aucun
rouble dans la poffeffion des privileges de leur état de nobleffe , &c.
   Signification de cette Requête à l'Adjudicataire , en la perfonne du
Directeur des Fermes à Touloufe.
   Ordonnance rendue fur les Requêtes refpectives des Parties, fur le
û des actes y énoncés, refpectivement produits, & fur le Procès-verbal
u fieur Raynal, fubdélégué à Touloufe; qui ayant égard *à ce qui
éfulte des actes produits par le fieur de Viguier , le décharge de la de-
nande du droit de franc-fief* contre lui formée par l'Adjudicataire des
'ermes, à raifon de la Terre de Juzes, condamne l'Adjudicataire aux
lépens.

13 *Janvier* 1778.

Certificat du fieur Chalvet de Merville , Sénéchal d'épée de la
'ille de Touloufe, portant que Meffire *PIERRE-LOUIS Viguier de
Segadenes* , Baron de Ceffalles, eft *Gentilhomme, & que fes ancêtres ont
oujours vécu noblement.*

20 Février 1778.

Lettre du Garde des Archives du Louvre au sieur de Segadenes, par laquelle il lui marque qu'il a fait rechercher avec le plus grand soin dans les Jugemens de la Province de Languedoc, *celui qui auroit pu être rendu en 1700 pour ou contre la noblesse de Jean-Antoine de Viguier, & qu'il ne s'est absolument rien trouvé sous ce nom.*

Me FLUSIN, Avocat.

ARRÊT
DU CONSEIL D'ÉTAT,

RENDU, en faveur du Sieur PIERRE-LOUIS DE VIGUIER DE SEGADENES , Baron de Cessales;

QUI le décharge , comme Noble d'extraction , du droit de Franc-Fief à lui demandé par l'Adjudicataire des Fermes ; - & fait défenses à ce dernier & à ses Commis & Préposés , de diriger à l'avenir de semblables demandes contre ledit Sieur de Viguier de Segadenes , tant qu'il vivra Noble- ment , à peine de tous depens , dommages - intérêts.

Extrait des Regiftres du Confeil d'Etat.

Du 7 Juillet 1778.

VU AU CONSEIL D'ETAT DU ROI, l'Ordonnance rendue par le fieur Intendant de Languedoc le 27 Juin 1772 , fur une Requête préfentée par le fieur Pierre-Louis de Viguier de Sega- denes, à l'effet d'être déclaré exempt, *comme étant Noble d'extraction ,* du droit de franc fief, dont la demande lui a été formée par une contrainte décernée le 15 Juillet 1767 , pour raifon de la Terre de Juzes, appartenant à la dame Anne de Sevrac fon époufe; par laquelle Or- donnance le fieur de Viguier de Segadenes a , fur le vu des actes par lui produits, été déchargé de la demande dirigée contre lui par l'Adju- dicataire des Fermes générales , qui a été condamné aux dépens, liqui- dés à 19 liv. 2 f. 6 d. ; l'acte d'appel de cette Ordonnance , qui a été interjetté par l'Adjudicataire des Fermes fignifié le 8 Août 1772 ; la Requête préfentée en conféquence par *Noble* Pierre-Louis de Sega- deres, Seigneur de Juzes en Languedoc , contenant que la maifon de Viguier jouit depuis plufieurs fiecles d'une Nobleffe généralement reconnue ; tous les Hiftoriens en parlent comme d'une famille ancienne & très-diftinguée. Ils la défignent comme étant la fouche de deux bran- ches , établies, l'une près de Villenouvelle fous le nom des fieurs de Vi- guier ; & l'autre près Villefranche, fous le nom de *Viguier de Segadenes.* Antoine de Viguier, dont le Suppliant defcend , fut Capitoul de Touloufe en 1464 & 1477. Il fut marié trois fois, mais il n'eut d'enfans exiftans que de fon troifiéme mariage avec Jacquette de

A

Lancefoc ; favoir, Antoine de Viguier, Pierre de Viguier, Châtelain de Saint-Rome, & Paule de Viguier, connue fous le nom de la *belle Paule de Viguier*, laquelle eft décédée veuve de Philippe de la Roche, Baron de Fontenilles, Chevalier de l'Ordre du Roi, & n'a point laiffé de poftérité. Antoine de Viguier II fils du Capitoul, fut Valet-de-Chambre du Duc d'Orléans, homme d'Armes de la Compagnie du fieur de Grammont, & enfuite Ecuyer du Roi. Il fut marié à la demoifelle de Jas, qui apporta la Terre de *Segadenes* dans la famille du Suppliant, à laquelle elle a depuis fervi de nom diftinctif. Antoine eut trois enfans; Pierre-Paul de Viguier, trifayeul du Suppliant ; Jean-Antoine de Viguier & Henrye de Viguier, mariée à Thomas de Barclay. Pierre-Paul de Viguier époufa en 1615, demoifelle Jeanne de Coffiniere, ou de Coffin. Il eut de fon mariage deux fils, nom- més Jean-Antoine & Hugues de Viguier, & une fille nommée Jeanne qui fut mariée à Noble Gabriel de Fiteria. On ne parlera point de la poftérité de Jean-Antoine de Viguier, fils ainé de Pierre-Paul de Viguier, mais feulement de celle de Hugues de Viguier fon fecond fils, bifayeul du Suppliant. Hugues de Viguier époufa en 1659, de- moifelle Cecile de Pinel; il eut un fils nommé Jean-Antoine de Vi- guier, ayeul du Suppliant. Hugues fut recherché comme ufurpateur de la qualité de Noble; dépourvu de fes titres qui furent perdus en 1640, dans le pillage de la maifon de fon pere, il paya le 28 Mai 1668, cent treize livres 1 fol pour la taxe impofée; mais avec pro- teftation de fe pourvoir contre la déclaration que l'on pourroit exiger de lui, lorfqu'il auroit des titres fuffifans pour juftifier de fa Nobleffe. Trois ans après, Guillaume de Viguier, coufin iffu de germain de Hugues de Viguier, habitant du lieu de Villenouvelle, fut déclaré Noble par un Jugemennt du fieur Intendant de Languedoc, du 4 Jan- vier 1671. Il réfulte des titres vifés dans ce Jugement, que Guillaume de Viguier defcendoit d'Antoine de Viguier, premier du nom, Capitoul de Touloufe, fon bifayeul, & qu'il ne devoit fa qualité de Noble qu'à cette defcendance, & non à aucun Office dont fon pere ou fon ayeul euffent été pourvus. Jean-Antoine de Viguier fils de Hugues, fut marié le 24 Juin 1687, à Louife de Barclay fa parente ; il eut pour fils Pierre-Jofeph, né le 9 Février 1698, pere du Sup- pliant. L'Adjudicataire des Fermes a prétendu que par un Jugement du fieur de Lamoignon, Intendant de Languedoc, du 19 Avril 1700, Jean-Antoine de Viguier avoit été condamné comme faux Noble, en 2000 liv. d'amende ; mais outre que le Fermier n'a rapporté qu'une copie informe de ce Jugement, il n'a point juftifié qu'il eût été exécuté ni fignifié. Quand d'ailleurs ce Jugement fubfifteroit, il renfer- meroit l'injuftice la plus manifefte & la contrariété la plus frappante avec celui du 4 Janvier 1671, qui a déclaré Noble d'extraction, Guillaume de Viguier, de la même fouche que Jean-Antoine de Vigüier; auffi Jean-Antoine a-t-il continué de prendre & de recevoir la qualité de Noble dans les différens actes qu'il a paffés: il a même été rendu le 21 Janvier 1737, fur les preuves qu'il donna alors de fa Nobleffe, & fur le fondement du Jugement de maintenue du 4 Janvier 1671, une Ordonnance contradictoire par laquelle le fieur de Bernage, Intendant de Languedoc, l'a déchargé du droit de franc-fief, qui lui étoit demandé pour raifon de la Seigneurie de Ceffales. Depuis & pendant que le Suppliant étoit lui-même en inftance, relativement au droit de franc fief prétendu pour raifon de la Terre de Juzes, qu'il poffède du chef de fon époufe, Pierre Jofeph de Viguier fon pere, s'eft pourvu en la Cour des Aides de Montpellier, où il a obtenu le 28 Juin 1770, contradictoirement avec le Procureur-Général de cette Cour, un Arrêt qui en le déclarant Noble & iffu de Noble race & lignée, a ordonné que le Jugement rendu en faveur de Guillaume de Viguier le 4 Janvier 1671, feroit & demeureroit commun avec lui, comme defcendans l'un & l'autre de la même tige. C'eft dans ces circonftances qu'eft intervenue l'Ordonnance du 27 Juin 1772, dont l'Adjudicataire des Fermes eft appellant; mais il fe flatte en vain de la faire infirmer. Les titres que le Suppliant produit prouvent une Nobleffe de race, ayant pour principe le fervice militaire & l'exercice du Capitoulat dans la perfonne de fon cinquième ayeul; Nobleffe folemnellement reconnue dans la perfonne de fon collatéral par le Jugement du 4 Janvier 1671. Il prouve que fes autres afcendans ont toujours vécu Noblement, & qu'ils fe font conftamment alliés à des familles Nobles: il a d'ailleurs la poffeffion & la force même de la chofe jugée en fa faveur, ce qui eft plus que fuffifant pour le faire maintenir dans un état qui ne lui eft pas moins précieux qu'à fes enfans, qui fe font confacrés au fervice militaire; par laquelle Requête le fieur Pierre-Louis de Viguier de Segadenes auroit conclu à ce qu'il plût à S. M. le recevoir, en tant que de befoin, appellant du Jugement du fieur de Lamoignon, Intendant & Commiffaire départi en Languedoc, du 19 Avril 1700; en conféquence & fans y avoir égard, ni à tous autres Jugemens & Ordonnances qui pourroient avoir été rendus, tant contre Jean Antoine de Viguier, que contre Hugues de Viguier, ayeux du Suppliant, non plus qu'à l'appel que l'Adjudicataire des Fermes a interjetté de l'Ordonnance du fieur de Saint-Prieft, Intendant de Languedoc, du 27 Juin 1772; dans lequel appel il fera déclaré non-recevable & fubfidiairement mal-fondé, ou dont en tout cas il fera débouté; ordonner que ladite Ordonnance fortira fon plein & entier effet; & condamner l'Adjudicataire aux dommages & intérêts du Suppliant & aux dépens. Ladite Requête, fignée FLUSIN, Avocat du Suppliant. La réponfe de Laurent David, Adjudicataire des Fermes générales unies, fubrogé aux droits de fes prédéceffeurs: La réplique du fieur de Viguier de Segadenes, par laquelle il auroit perfifté dans les conclufions par lui ci-devant prifes; en fuppliant S. M. de les lui adjuger avec dix mille livres de dom- mages & intérêts pour l'indue vexation: Un Mémoire imprimé concer- nant la Nobleffe de la maifon de Viguier de Segadenes, établie à Villefranche de Lauragais: Autre Mémoire de l'Adjudicataire des Fermes, fervant de réponfe à celui imprimé du fieur de Viguier; la fignification qui a été faite le 9 Septembre 1768, de la contrainte décernée contre le fieur de Viguier le 15 Juillet 1767, & la copie rapportée par l'Adjudicataire des Fermes, d'une Ordonnance rendue le 9 Avril 1700, par le fieur de Lamoignon, Intendant de la Pro- vince de Languedoc, laquelle en déclarant le fieur Jean-Antoine de Viguier de Segadenes, ufurpateur du titre de Nobleffe, l'a condamné en 2000 livres d'amende & aux deux fols pour livre d'icelle. VU pareillement les titres & actes produits par le fieur de Viguier de Segadenes, confiftant, favoir, dans un certificat délivré par les Capitouls de Touloufe le 23 Mai 1772, contenant que Noble An- toine de Viguier a été Capitoul de cette Ville en 1474 & 1477, qu'en cette qualité il eft peint avec fes noms & armes dans les livres d'hiftoires & autres endroits de la Ville, & que lui & fes enfans ont droit de jouir de la Nobleffe, & de toutes les prérogatives dont jouif- fent les Nobles d'extraction & de race; dans une expédition en papier d'une procuration donnée devant Dumas, Notaire à Touloufe, le 19 Mars 1565, par *Noble* Antoine Viguier, Valet-de-chambre ordinaire de M. le Duc d'Orléans, & homme d'Armes de la Compagnie du fieur de Grammont, à Sire Pierre de Viguier & Denis de Baillet, Marchands Habitans de Touloufe, pour régir les biens du confti- tuant, qui a promis rembourfer la moitié des frais à faire à cet effet; dans une copie collationnée fur l'original, vu le 5 Octobre 1701, par le fieur de Lamoignon, Intendant de Languedoc, d'un partage fait le 13 Octobre 1569, entre Noble Antoine de Viguier, *Ecuyer*, & Pierre de Viguier, Bourgeois de Touloufe, freres, lefquels font convenus de laiffer indivis & commun entr'eux tout le revenu de leurs biens, tant meubles qu'immeubles & dettes, procédant & dues à feu Antoine de Viguier leur pere; dans une expédition en papier délivrée par Trebons, Notaire Royal à Touloufe, d'un acte du 25 Novembre 1576, par lequel *Noble* Pierre de Viguier, Habitant de Villenouvelle, a vendu une maifon à *Noble* Antoine de Viguier fon frere, *Ecuyer du Roi*; dans une copie collationnée fur la minute d'un contrat de mariage paffé devant Deroques, Notaire à Touloufe, le 25 Avril 1579, entre Antoine de Viguier *Ecuyer*, & demoifelle Marie de *Segadenes*, fille du fieur Arnaud de Jaz, Seigneur de Se- gadenes; dans une autre copie collationnée & certifiée le 23 Mars 1669, par le fieur d'Hericourt, Commiffaire, Subdélégué pour la recherche des ufurpateurs du titre de Noble, de deux actes paffés

.les 14 Décembre 1596, & 4 Juin 1597, entre Marie de Jaz, comme mere & tutrice de Pierre-Paul de Viguier, Jean-Antoine de Viguier & Henrye de Viguier fes enfans, veuve de *Noble* Antoine de Viguier, *Ecuyer du Roi*, d'une part, & *Noble* Pierre deViguier, Châtelain de Saint-Rome, fon beau-frere, & demoifelle Franquette Ducros fa femme, d'autre part; dans une copie en parchemin collationnée fur l'original par le fieur d'Hericourt, d'un teftament du 26 Septembre 1607, par lequel Paule de Viguier, veuve de Philippe de la Roche, Chevalier de l'Ordre du Roi, Capitaine de cent hommes d'Armes, fieur & Baron de Fontenilles, a élu fa fépulture au Couvent des Augnftins de Touloufe, au tombeau de feu demoifelle Jacquette de *Lancefoc* fa mere, & inftitué pour fon héritier Pierre-Paul de Viguier fon neveu, fils de *Noble* Antoine de Viguier & de Marie de Jaz, en leur fubftituant Antoine de Viguier fon autre neveu, fils de Pierre de Viguier & de Franquette Ducros, & Perette de Baillet, femme de Salvat de Guabre, & fille de Denis Baillet, & Aftigue de Viguier fœur de la teftatrice; dans une expédition en papier d'un acte paffé devant Toron, Notaire à Touloufe, le 11 Mars 1610, portant reconnoiffance du teftament de dame Paule de Viguier, veuve de Philippe de la Roche, fieur & Baron de Fontenilles, & acceptation de l'hérédité de la teftatrice par *Noble* Pierre-Paul de Viguier, fieur de Segadenes fon neveu; dans une expédition en parchemin d'une quittance donnée devant Notaires, le ving-un Octobre 1622, par *Noble* Pierre Paul de Viguier, *Seigneur de Segadenes*, de la fomme de neuf mille-livres pour partie de la dot de demoifelle Jeanne de Coffiniere fon époufe; dans une expédition en papier d'une tranfaction paffée devant Beffiere, Notaire à Touloufe, le 29 Décembre 1633, entre *Noble* Pierre-Paul de Viguier, & *Noble* Henry Durieu, fieur de la Roquette, fon frere utérin, en qualité de donataires des biens de demoifelle Marie de Jas, leur mere; dans une expédition en papier délivrée par le Notaire détempteur de la minute, d'un teftament du 16 Avril 1657, par lequel Jeanne de Coffin, veuve de *Meffire* Pierre-Paul de Viguier, *fieur de Segadenes*, a légué 2000 liv. à Jeanne de Viguier fa fille, après avoir conftitué pour fes héritiers Jean-Antoine & Hugues de Viguier fes deux fils, dans une expédition en parchemin d'un contrat de mariage, paffé devant Campagnelle, Notaire à Villefranche, le 14 Février 1659, entre *Noble* Hugues de Viguier, fieur de Segadenes, & demoifelle Jeanne de Coffin, d'une part, & demoifelle Cecile de Pinel, d'autre part; dans un extrait baptiftaire de Jean-Antoine de Viguier, fils de *Noble* Hugues de Viguier, & de demoifelle Cecile de Pinel, en date du 4 Janvier 1660; dans une expédition en papier d'une quittance de 3000 liv., paffée devant Notaire le 30 Mars 1662, *par Noble* Gabriel de Fiteria de Saint-Lary, Ecuyer, & demoifelle Jeanne de Viguier, fiancée, à *Nobles* Jean-Antoine, & Hugues de Viguier de Segadenes, freres de ladite demoifelle, héritiers bénéficiaires de feu *Noble* Pierre-Paul de Viguier, fieur de Segadenes, & de demoifelle Jeanne de Coffin, leurs pere & mere ; dans une copie collationnée d'un brevet, portant permiffion de port-d'armes accordé le 22 Mars 1667, par le Duc de Verneuil, Gouverneur de Languedoc, au fieur de *Segadenes*, comme *Gentilhomme & de nom & d'armes*; dans un mandement du 8 Novembre 1667, portant députation de *Noble* Jean-Antoine de Viguier, fieur de Segadenes, pour affifter à l'affemblée des Etats, tenue à Montpellier ; dans un acte du 28 Mai 1668, par lequel Hugues de Viguier de Segadenes, a offert de payer 113 liv. 15 f. aux prépofés à la recette des deniers provenans des taxes faites fur les faux Nobles, *avec proteftation de fe pourvoir contre la déclaration qu'on pourroit exiger de lui, lorfqu'il auroit trouvé des titres fuffifans pour juftifier fa Nobleffe*; dans un Procès-verbal de collation faite le 23 Mars 1669, par le fieur d'Hericourt, Commiffaire Subdélégué pour la recherche des ufurpateurs du titre de *Noble*, à la requête du fieur Hugues de Viguier, fieur de Segadenes, pour *Noble* Jean-Antoine de Viguier, fieur de Segadenes, fon frere ; 1°. du teftament de Paule de Viguier, veuve de Philippe de la Roche, Chevalier de l'Ordre du Roi, Baron de Fontenilles ; 2° de deux actes paffés les 14 Décembre 1596, & 4 Juin 1597, entre Marie de Jas, veuve de *Noble* Antoine de Viguier, *Ecuyer du Roi*, *Noble* Pierre de Viguier, & demoifelle Franquette Duclos, fa femme : dans la copie collationnée d'un Jugement contradictoirement rendu le 4 Janvier 1671, par le fieur Intendant de Languedoc, Commiffaire député pour la vérification des titres de Nobleffe, en faveur de Guillaume de Viguier, qui a été déclaré *Noble & iffu de Noble* race & lignée, dans lequel Jugement font énoncées les pieces ci après : favoir ; du 21 Novembre 1554, contrat de mariage de *Noble* Pierre de Viguier, fils de feu *Noble Antoine de Viguier, ancien Capitoul de Touloufe*, avec demoifelle Franquette Ducros ; du 10 Septembre 1598, autre contrat de mariage de *Noble* Antoine de Viguier, affifté de demoifelle Franquette Ducros, veuve de feu *Noble* Pierre de Viguier, Châtelain, avec demoifelle Marie Mafanave ; du 17 Septembre 1614, teftament d'Antoine de Viguier Ducros, en faveur de Guillaume de Viguier, fon fils ; & du 20 Janvier 1641, contrat de mariage dudit *Noble* Guillaume de Viguier, avec demoifelle Claire de Latger ; dans une commiffion donnée le 4 Juin 1674, par le fieur d'Aguelfeau, Intendant de Languedoc, au fieur de Viguier de Segadenes, pour paffer en revue les Milices du Diocefe de Touloufe ; dans l'expédition d'une Sentence de l'Officialité de Touloufe, du 16 Juin 1687, portant fulmination d'une Bulle obtenue par *Noble* Jean-Antoine de Viguier de Segadenes, à l'effet de fe marier avec demoifelle Louife de Barclay, nonobftant la parenté qui étoit entr'eux au 3e degré de confanguinité : dans l'expédition en papier d'un contrat de mariage paffé devant le Notaire de

Villefranche, entre *Noble* Antoine de Viguier & la demoiselle Louife, de Barclay, le 24 Juin 1687 : dans une procuration donnée devant Notaire le 23 Mai 1689, par *Noble* Jean-Antoine de Viguier, fieur de Segadenes, à *Noble* Guillaume de Viguier, fieur de Segadenes, fon frere, pour régir fes biens pendant fon abfence pour le fervice volontaire de l'arriere-ban, conjointement avec demoifelle Louife de Barclay, femme du conftituant : dans une quittance du 27 Juin 1696, de la fomme de cinquante livres payée par *Noble* Jean-Antoine de Viguier de Segadenes, pour la contribution à la taxe du ban & arriere-ban : dans un extrait baptiftaire de Pierre-Jofeph, fils de *Noble* Jean-Antoine de Viguier, fieur de Segadenes, & de demoifelle Louife de Barclay, né le 9 Février 1698 : dans un extrait du compoix du Confulat d'Avignonet, contenant le détail des biens poffédés par *Noble* Hugues de Viguier, fieur de Segadenes, en date du 12 Août 1699 : dans un exploit du 19 du même mois, contenant la faifie réelle des biens ici-deffus, à la requête de Jean-Antoine de Viguier, fieur de Segadenes : dans une affignation donnée le 6 Août 1702, à *Noble* Jean-Antoine de Viguier, Seigneur de Segadenes, pour affifter à la nomination d'un tuteur à la demoifelle Jeanne - Marie de Mafnau, fille d'Angelique de Viguier, & de *Noble* Jean de Mafnau : dans l'acte de célébration de mariage de *Noble* Pierre-Jofeph de Viguier de Segadenes, Avocat, fils de *Noble* Jean-Antoine de Viguier de Segadenes, avec demoifelle Françoife de Montferrat en date du 28 Novembre 1722 ; dans l'extrait baptiftaire de Pierre-Louis, fils de *Noble* Pierre-Jofeph de Viguier de Segadenes, Avocat, & de demoifelle Françoife de Monferrat de Ceffales, né le 8 Février 1726 : dans une expédition en papier, d'un contrat de vente du quart de la Juftice de Ceffales, fait le 21 Décembre 1735, au profit de *Noble* Pierre-Jofeph de Viguier de Segadenes, Avocat en Parlement : dans la copie collationnée d'une Ordonnance du fieur de Bernage, Intendant de Languedoc, du 21 Janvier 1737, par laquelle fur le vu du Jugement du 4 Janvier 1671, & le Directeur de la Ferme s'en étant rapporté, le fieur Pierre - Jofeph de Viguier de Segadenes, a été déchargé du droit de franc-fief, qui lui étoit demandé à caufe de fa Terre de Ceffales : dans une expédition des Conclufions données le 27 Juin 1770, par le Procureur Général de la Cour des Aides de Montpellier, fur la demande de Pierre-Jofeph de Viguier de Segadenes, en déclaration *de Nobleffe perfonnelle* : dans un Arrêt de la Cour des Aides de Montpellier, du 28 Juin 1770, qui, en déclarant Pierre Jofeph de Viguier de Segadenes, *Noble & iffu de Noble race & lignée, ordonne que le Jugement rendu en faveur de Guillaume de Viguier, le 4 Janvier 1671, fera & demeurera commun avec lui, comme defcendans l'un & l'autre de la même tige* ; en conféquence que le fieur de Viguier de Segadenes & fes enfans nés & à naître en légitime mariage, jouiront des privileges de la Nobleffe, tant qu'ils vivront Noblement, & qu'à cet effet le fieur de Viguier fera infcrit par nom, furnom & lieu de fa demeure, dans le catalogue des Nobles de la Province, pour jouir en ladite qualité des honneurs & prérogatives y attachés; faisant défenses à toutes personnes de lui donner à raison de ce, aucun trouble ni empêchement : & finalement dans un certificat du Sénéchal de Toulouse, du 13 Janvier 1778, contenant que le sieur *Pierre Louis de Viguier, de Segadenes, Baron de Cessales, est Gentilhomme,* & que ses ancêtres ont toujours vécu Noblement. Oui le rapport du sieur Moreau de Beaumont, Conseiller d'Etat ordinaire, & au Conseil Royal des Finances :

« LE ROI EN SON CONSEIL, sans s'arrêter à l'appel que l'Adjudicataire général des Fermes a interjetté de l'Ordonnance rendue par le sieur Intendant de Languedoc le 27 Juin 1772, laquelle sera exécutée suivant sa forme & teneur ; a ordonné & ordonne que le sieur Pierre-Louis de Viguier de Segadenes, demeurera déchargé, comme étant *Noble d'extraction,* du droit de franc fief, dont la demande lui a été formée pour raison de la Terre & Seigneurie de Juzes, par la contrainte qui lui a été signifiée le 9 Septembre 1768 ; fait Sa Majesté défense à l'Adjudicataire des Fermes, ses commis & préposés, de diriger à l'avenir de pareilles demandes contre ledit sieur de Viguier de Segadenes, tant qu'il vivra Noblement & qu'il ne fera acte dérogeant à sa qualité de Noble, à peine de tous dépens, dommages & intérêts. Fait au Conseil d'Etat du Roi, tenu à Versailles le sept Juillet mil sept cent soixante dix-huit. Collationné. *Signé,* DE VOUGNY ».

LOUIS, PAR LA GRACE DE DIEU, ROI FRANCE ET DE NAVARRE ; Au premier notre Huissier ou Sergent sur ce requis, Nous te mandons & commandons de signifier, à la requête de Noble Pierre-Louis de Viguier de Segadenes, Baron de Cessales en Languedoc, & de mettre à due, pleine & entière exécution, l'Arrêt dont extrait est attaché sous le contre-scel de notre Chancellerie, aujourd'hui rendu en notre Conseil d'Etat, & de faire pour raison de ce tous commandemens, sommations, exploits & autres actes nécessaires, sans autre permission. CAR TEL EST NOTRE PLAISIR. Donné à Versailles, le septieme jour de Juillet l'an de grace 1778, & de notre Regne, le cinquiéme.

Par le Roi, en son Conseil. *Signé,* HUART. Scellé le 15 Juillet.

Le dix-huit Juillet 1778, signifié & laissé copie au sieur Laurent David, Adjudicataire des Fermes Générales, en son Bureau sis à Paris, rue de Grenelle-Saint-Honoré, à l'Hôtel des Fermes, en parlant au Suisse, auquel a été payé cinq sols, par nous Huissier ordinaire du Roi, en ses Conseils. Signé, DESESTRE.

De l'Imprimerie de CHARDON, rue Galande, 1778.

www.ingramcontent.com/pod-product-compliance
Lightning Source LLC
Chambersburg PA
CBHW071007280326
41934CB00009B/2214